決定版

強いチームをつくる！

リーダーの心得

Definitive edition:
Build a strong team!
Leader's tips

伊庭正康
Iba Masayasu

はじめに

私は、25歳で営業リーダーに抜擢され、35歳で部長になり、37歳で関連会社の代表になりました。多い時には200人の組織の長になっていました。

ある意味、トントン拍子に駆け上がったようにも映ります。

でも、正直にお話ししましょう。おそらく、20代の私には、リーダーの資質なんて1ミリたりとも、ありませんでした。

だから、どうしても伝えたいことがあるのです。

私は、リーダーになることを避けて、避けて、避けて、通ってきました。小学生の時のたった6人のまとめ役である「班長」でさえも避け続けていました。

その時には、お恥ずかしながら「リーダーなんて、自分には向いていない」と思い込んでいたのです。

「リーダーになるヤツの気が知れない」

こんなふうにさえ思っていました。

人のことよりも、自分のことにしか興味がなかったのでしょう。

そんな価値観でしたので、就職した時も「リーダーになる寸前にやめよう」と考えていました。

しかし、25歳の時に転機が訪れます。営業リーダーになる辞令を受けることになったのです。

当時、もう少しこの仕事をしたい気持ちがありました。

「……まあ、なんとかなるだろう」

見よう見まねでやってはいましたが、やはり、うまくはいきませんでした。

ある日のこと、信頼していた部下からこんなことを言われました。

「たしかに目標は達成したけど、最近あまり面白くないんですよね」と。

そして、私はサラリと答えました。

「まあ、最近は少し忙しいからね」

その部下が肩を落としていた姿を印象深く覚えています。

この時、「忙しさ」のせいにするしかなかった自分が、リーダーとして不十分であることに気づいていました。そして随分と悩み考えさせられました。

「もしあの時、自分が部下で、リーダーにあんなことを言われたらどう思うだろうか。

あの時、私はどんなことを言うべきだったのか」と。

すると、いろいろなことが見えてきたのです。

「忙しいのはわかるけど、もっと自分のことをかまってほしい」

「目標達成に一生懸命なのはわかるけど、〝その先の未来予想図〟を語ってほしい」

「もっと、自分にも仕事を任せてほしい。信頼されていないのかな」

私自身がいいリーダーになれれば、部下がいきいきと働くようになるかもしれない。私がリーダーに本気で挑戦したいと考えるようになった瞬間でした。

「リーダーとして自信がない」私が、結果を出すために

私は「どういうリーダーになるべきか」ということを考えるようになりました。

私は仕事柄、多くの経営者やリーダーと会っていたのですが、そういう方々のリーダーとしての姿も観察するようになりました。

そしてある仮説に思いあたりました。

「素晴らしいと思えるリーダーでも、その実は完璧ではないのではないか」と。

1人の人として見た時、優柔不断な面があったりなど、およそリーダーらしくない面すら垣間見えたのです。

ただ一方で、彼らは、共通する何かをつかんでいることに気づきました。

名曲のコード進行がほとんど同じであるように、すぐれたリーダーシップにも共通するセオリーがあるということです。

自分なりにセオリーを抽出し、すぐさまトライしました。

もちろん、最初はカタチからです。

でも、驚きました。部下の気持ちがまとまり、部下の行動が変わりはじめたのです。そして、結果が出るまでに時間はかかりませんでした。

自信がなかった私が、リーダーとしてトップ査定をもらうことになったのです。

その頃からでしょうか。自分の力を上まわる「好循環」ができてきたのです。

さらには、そのセオリーに自分なりのアレンジを加えることで、その「好循環」は加速しました。

こうして、予期せず部長になり、社内ベンチャーの社長になれたのです。

セオリーでリーダーは変われる

それから、私は独立をして、多くのリーディングカンパニーでリーダーの研修を行う機会を頂いております。

そこで、私がつかんだセオリーを紹介しているのですが、今なお、このセオリーの効果を強く確信しています。

今では、リーダーに向いているかどうかなどは関係ないと思っています。

たとえば、「無口でおとなしい人はリーダーに不向き」と思っている方は多いのではないでしょうか?

しかし、実はそんなことはないのです。

現に、無口でおとなしいリーダーがミーティングで示した案に部下がついていき、チームがうまくまとまっているというケースを見たことがあります。

価値観の多様化、事業の大きな変化など、過去の経験が活かしにくい今では、むしろ「引っぱるタイプ」だけではなく、「意見を引き出す」といったようなスタイルがうまくいくことも少なくありません。リーダーシップに「絶対の正解」はないのです。

ゆえに、つくづく思うのですが、リーダーは完璧ではなくてもいいのです。たとえ自分より優秀な部下がいたとしても気にすることはありません。

なぜならリーダーは、小学校で言うところの「生き物係」などの係、つまり役割にすぎないからです。

「生き物係」にやるべきことやルールがあるように、すぐれたリーダーシップを発揮するためのルールやセオリー、そしてちょっとしたコツのようなものがあります。それらをつかんで実践していけば、すぐれたリーダーとしての役割を全うすることができるのです。

大事なことですので、繰り返します。**リーダーに資質は関係ありません。ルールやセオリーを実践できているかどうかです。**

だから、もし今、うまくいっていないとしても、自分の資質を責めないでください。

この本は、かつての私がそうであったように、リーダーとして何をすればいいのかわからずに悩んでいる方に向けて書きました。

最近、入社間もない若い方でも、リーダーとしての役割が求められていますので、そのような方でもなるべくすぐに実践できるようなセオリーを多めに紹介するように心がけました（とは言うものの、レベルが高めなのも少なくないかもしれません）。

また、私の経験上、営業リーダーの話が多く出てきますが、どんな職種であってもリーダーに共通するセオリーは同じです。ご自身の職種にあてはめてみながら考えてみてください。

この本では、研修トレーナーとして、多くのリーディングカンパニーへの研修でも紹介し、またYouTubeやUdemyでも配信している、現場ですぐに使えるメソッドを紹介しています。

さあ、ここからがスタートです。セオリーの中から、たった1つでもかまいませんので、チャレンジしてみたいことを探してみてください！

らしさラボ　代表取締役　研修トレーナー　伊庭正康

目次

決定版　強いチームをつくる！　リーダーの心得

第1章

リーダーに「素質」はいらない

第2章

すぐれたリーダーになれる「最短距離の歩き方」

第 3 章

ムダな時間を全てなくす「最速の仕組み」

第4章

部下のやる気が向上する「目標設定」

第5章 どんな状況でも必ず「達成する仕組み」

第6章 チームのチカラが上がる！ 部下に「任せる極意」

第7章

1つのミスが命取り！「リスク予防法」

第8章 新人を一流に「育てる極意」

本書は、２０１４年４月に弊社より刊行された
『強いチームをつくる！　リーダーの心得』を改題し、
一部加筆・修正したものです。

第1章

リーダーに「素質」はいらない

必要なのは「武勇伝」より「未来予想図」

誰も、あなたの輝かしい実績に関心はない

リーダーに抜擢されたあなたのことです。きっと、部下に語りたい実績の1つや2つはあることでしょう。もし、そうだとしたら気をつけてください。誰もあなたのその輝かしい実績に、ほとんど興味を持っていません。

たとえば、サッカー日本代表の森保一監督について「サンフレッチェ広島の選手時代の活躍はすごかった」と聞いたとしましょう。あなたの監督を見る目は変わりますか?

きっと、変わらないでしょう。過去のことはどうでもいいはずです。

現役時代のことは昔話にすぎず、つまり**リーダーのプレイヤー時代の輝かしい実績は、ほとんど意味がありません。部下の関心はあなたのことよりも「自分の未来」がどうなるのかです。**

具体的には、リーダーがこれから何に挑戦しようとしているのかに、関心を持っているのです。これからの挑戦に自分を託せるものかどうかを判断したいからです。

少し、確認してみましょう。次の質問に答えてください。

部下があなたに聞きたい本当の質問

「あなたは上司として、このチームで何を成し遂げたいですか?」

これが部下の知りたいことです。だって、誰もが淡々と業務をこなすだけではなく、チームの一員として挑戦に貢献したいと思っているからです。でも、今、答えられなくても大丈夫です。

私は年間2000人以上のリーダーに研修をするのですが、スラスラと言える人は3%程度しかいません。でも、私の研修を受け、しっかり実践した人は、ほぼ全員が言えるようになります。

つまりは、考えたことがなかっただけ。ほんの少し頭の中を整理すると、誰もが答えられるようになります。

「部下を成長させたい」と言うリーダーほど、部下にバカにされる理由

さて、リーダーが口にするとバカにされるセリフ、それは「部下を成長させたい」です。

なぜ、このセリフがバカにされるのか？

それは部下を成長させることはリーダーに託された必然の業務であり、全うすべき責任だからです。託されている業務なのに「〜たい」はおかしいですよね。

だから、わかる人は心でつぶやきます。

「リーダーが部下を成長させるのはあたり前でしょ……」

これからはこう考えてください。どんなことであれ、実現できなければ許されない義務を使命のように言うと、周囲からはイマイチに見えてしまいます。

ゆえに、**「部下を成長させることが、私の使命です」と言ってしまうことはあたり前の役割を言っているのにすぎないわけです。**

しかし、これをやってしまうリーダーがあまりに多い。

我々リーダーは、部下をどうにかしたいと語る前に、自分がどうしたいのか、つまり「未来予想図」を語ることが先だということです。

部下は成長させるものではなく、あなたの挑戦に巻き込むことで、背伸びをしながら成長していくものと考えましょう。

ポイント

- 部下は、あなたの「輝かしい実績」に関心はない。関心があるのは「未来予想図」。
- 「部下を成長させたい」と言ってはいけない。それは、あたり前の役割である。

リーダーはあくまで「役割」

「なりたくない」のに、リーダーになってしまったら

最近、多くの企業で人手不足が深刻化しています。その影響で、リーダーに向いていないと感じる人が、急にリーダーになるケースが増えているようです。

「自分にはリーダーの資質がない」「これまで一緒に働いていた同僚が部下になるなんて難しそうだ」といった不安を抱える人もいるでしょう。

たしかに、人をまとめた経験がない場合、プレッシャーを感じるのは当然のことです。

とはいえ、処方箋はあります。

リーダーと部下の関係を「上下の関係」ではなく「役割」としてとらえる方法です。

リーダーとメンバーは、それぞれ異なる役割を果たしているだけと考えるのです。

これに気づくことで、リーダーというポジションに対する見方が大きく変わり、役割を果たすことへのハードルが少し下がるでしょう。

自信を持ってリーダーの役割を果たすために

では、どうすれば自信を持ってリーダーの役割を果たせるようになるのでしょうか。

まず、絶対に押さえておきたいのが「コミュニケーションを絶やさないこと」です。ここをハズさなければ、おおむねうまくいきます。そのために、コミュニケーションを「量」と「質」の両面から充実させることが大切なのです。


まず「量」について、これは日常の雑談や情報共有を指します。

特に重要なのは「**情報共有**」。メンバーそれぞれがどのような状況か、何に取り組んでいるのか、どのような問題や課題を抱えているのかを、お互いに把握しておくことが必要です。

これによって、部下のチームへの貢献意欲が高まります。リーダーとして「講ずるべき打ち手」を迅速に把握できるようになるので、やらない手はありません。

定期的にミーティングを設け、「うまくいったこと」や「気になること」などを1人ひとりが共有する機会を持つことをオススメします。メンバーがリーダーに対して何でも話しやすい雰囲気が生まれますし、問題を早期に察知し、対処することも可能になります。

次に「質」についてです。**質の高いコミュニケーションとは、メンバーの「思い」をしっかりと聞くことです。**

特に、個別に行う1対1の面談の機会が非常に重要です。多くの人は、集団の前では自分の本音を隠してしまいがちですが、1対1の会話であれば、素直に話せることも多いものです。

最後に、リーダーとして心がけておきたいのが「**方針をぶらさないこと**」です。

どんなに小さなチームでも、リーダーが示す方針がしっかりしていなければ、メンバーは進むべき方向を見失ってしまいます。ここでいう「方針」とは、チームが目指す目標やビジョンのことです。これがブレてしまうと、コミュニケーションの機会を設けても、リーダーとしての信頼が揺らいでしまいます。

どうしても困ったら、上司に助けを求めるといいでしょう。あなたの上司も同じ経験をしているはず。頼るのもスキルの1つですので、遠慮せずに相談しましょう。

繰り返します。リーダーは、ただの役割の1つです。もし、自分にリーダーの資質がないと感じている方がいれば、「リーダー＝特別な人」という思い込みを捨ててください。

その役割を全うするために、チーム全員が力を発揮できる環境を整え、コミュニケーションを大切にすることが、あなたのリーダーシップを支える鍵となります。

ポイント

- 「リーダー」はただの役割で、特別な存在ではない。
- 役割を果たすために必要なのが「コミュニケーションを絶やさない」こと。

「相手を変える」前に「自分が変わる」

中国から来たスゴ腕店長の教訓

ある都心のコンビニエンスストアに有名なスゴ腕店長がいます。その店の店長は中国出身の生粋《きっすい》の中国人です。そして、この店のスタッフはバングラデシュ、パキスタン、ミャンマー、中国の留学生で占めています。

ちなみに、彼の前任の店長は日本人でした。この多様性あふれるスタッフをやる気にさせることができずに、ついにはお店の業績を低迷させてしまったのです。

そんな厳しい局面に後任として赴任したのが、この中国人店長のラーさん。ラーさんは的確に指示を出し、誰よりも大きな声で挨拶をすることでスタッフのやる気に火をつけようと考えました。それまでは、その方法でうまくいっていました。

しかし、まったくスタッフのやる気は高まりません。ラーさんは追い込まれてしまいました。

ここでちょっと考えてみましょう。あなたがラーさんならどうしますか？

ラーさんの答えはこうでした。あえて〝仕事とは関係のない雑談〟をするようにしたのです。好きなタレントの話や休日の過ごし方など、仕事に関係ない話ばかりです。ラーさんはそのことを、「**自分からスタッフ（部下）のところに下りていく**」と表現します。上るのは大変ですが、下りるだけなら、特別な資質は不要です。

その結果はすぐに出ました。スタッフに笑顔が増え、やる気も高まり、今では有数の優良店にまでV字回復しています。

さて、このラーさんから我々が学べることは何でしょうか？

それは部下のモチベーションが低い時こそ、「**相手を変えようとする**」**前に、まずは**「**自分が変わる**」ことの大切さです。大いに参考にしたいセオリーです。

忘れがちなあたり前の法則とは

では、なぜ仕事以外のパーソナルな雑談をすることで、やる気が高まったのでしょう。実は理論的にも、雑談が生産性を高める効果も実証されています（※）。そして、ここにリーダーが絶対に忘れてはならない法則があります。

それは、**「誰もが自己重要感を満たしたいと思っている」**という法則です。

自分のことを大切に扱ってほしいという願望を誰もが持っていますが、多くのリーダーは、このことに無頓着です。無頓着かどうかは相手への質問を聞けばわかります。

ぜひ、ちょっとチェックしてみませんか？

あなたが、「相手の自己重要感」を大切にしているかどうかのチェック

Q：相手への質問は次のどのパターンが多いですか？

回答A：自分（あなた）が聞きたいことを聞くことが多い

回答B：相手が話したいことを質問するように心がけている

回答C：選択肢の意味がよくわからない

（※）ホーソン実験：1924～32年（ハーバード大学　メイヨー、レスリスバーガー）

Aは「元気にやっているか？」など、状況を確認する質問しかしていない可能性があります。ほとんどのリーダーはこのタイプです。

Bは「最近、面白いことあった？」「ちょっと、教えてもらっていい？」など、自己重要感を満たす質問を意図的にできるリーダーです。

CはAと同じ状態と考えていいでしょう。とにかく相手が話したいことを聞くよう、心がけておきたいところです。

まとめましょう。ラーさんは、「雑談」の効果と「相手が話したくなる質問」を意識する大切さを教えてくれました。今は気軽に雑談をしにくいという人も増えました。だからこそ、あえて何気ない雑談をしてみるのはいかがでしょうか。きっと部下の自己重要感が高まり、やる気が高まるはずです。

ポイント

- 部下のやる気を高めたいなら「部下を変える」前に、まずは「自分が変わる」。
- 忙しくなればなるほど「雑談」が必要になる。

「気合」を強要せず、「本心」を示す

残業を「やめた」リーダー

はたして、リーダーはガツガツと猛進するタイプのほうがいいのでしょうか？　答えを申しますと、あまり関係ありません。

では、なぜわざわざ聞いたのか？　それは、リーダーは気合と根性がほとばしるタイプのほうがいいという、根強い信仰の誤解を解くためです。ほんわかとした穏やかなタイプのリーダーが、部下の気持ちをわしづかみにした例を紹介しましょう。

ある営業リーダーの話です。彼は、職場の「残業をしてでも結果を出す」といった風習をやめました。

それは彼の葛藤からくるアイデアでした。どの会社でもそうですが、営業は決められた目標を達成させなければなりません。ゆえに、その会社では残業をするのも仕方ないとする風潮がありました。しかし、彼は、そのやり方に違和感を持ちはじめていたのです。

「残業が、成果に結びついているとは思わない。結果的に、ダラダラ残業をしているぞ……」。そこで、彼は考えました。

「表彰の指標に売上の達成率だけではなく、時間外労働の少なさを加味しよう」と。

上司と相談をし、スタートすることに。

その結果、「帰りにくい雰囲気」は一変。「早く終えないと」といった風習が一気に広がり、チームでの協力も増えたと言います。

さて、ここで私が伝えたいことは、何だと思いますか？　解説しましょう。

100の気合より、1つのカタチ

もちろん、単に「表彰の指標を変えましょう」といったことではありません。

ポイントは、**リーダーの思いをカタチで「見せる」コミュニケーションも十分に効**

果があるということです。

みなさんの職場を見渡してください。会社のビジョンが書かれた掲示物はありませんか？　今回の表彰もそうでしょう。

また、新人が配属された時、歓迎会を催すことはないですか？　がんばった人が、社内で表彰される式典はないですか？

全て、リーダーの思いをカタチで「見せる」コミュニケーションです。リーダーがどういうタイプかというのは、ここでは関係ありません。

そして、カタチで「見せる」コミュニケーションは絶大です。**「言葉」は一瞬ですが、「カタチ」は目の前にずっと残ります。**

「伝える」こととは「話す」ことととらえる風潮がありますが、もはやリーダーはそのセオリーを超えるほどに忙しく、その話す時間をつくるだけでも大変なことでしょう。プレイングマネジャーであるならなおさらです。

忙しいリーダーほど、目の前の業務を差し置いてでも、カタチで「見せる」コミュニケーションにトライしてもらいたいのです。例を紹介しておきます。ぜひ、参考にしてみてください。

■カタチを見せるコミュニケーションの例

●掲示する
（ポスターをつくって掲示する、など）

●渡す
（手紙、プレゼントを渡す、など）

●機会を設ける
（コンテスト、表彰を設ける、など）

●変える
（ルール、時間、順番を変える、など）

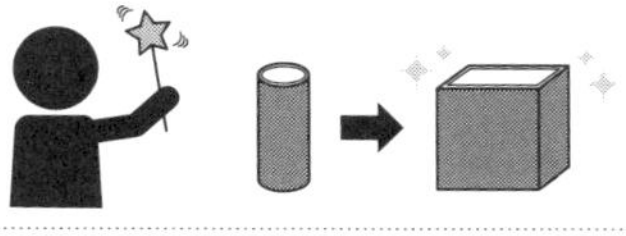

●やめる
（会議、残業をやめる、など）

ポイント

■リーダーであるあなたが、ほのぼのとしたタイプであっても問題はない。

■気合を大声で叫ぶ必要はない。カタチを示すコミュニケーションを活用する。

「鋭さ」より「わかりやすさ」が大切

カタカナを話さないマネジャーの教訓

「わかりにくい人」と思われた時点で、リーダーは絶対に損です。しかし、**ビジネス書を読む勉強家のリーダーほど、「わかりにくい言葉」で部下を苦しめてしまう**ことも少なくありません。

「エビデンスがないなら、まずはフィジビリティをやろうよ。ＰＤＣＡをまわして、そこからＫＳＦを探そうよ。そうしたらＫＰＩも設定できるからね」

これ、意味わかりますか？　わかる人は気をつけてください。ほとんどの人には通じません。新人やビジネス用語になじみのない人にはこう聞こえます。

「エデ？　だから、フィジー？　をやろうよ。ピー？？　をまわして、そこからＫＳ

F、（ケンタッキー？　あれはKFCか……）を探そうよ」

おおげさではなく、**高校生の流行語と変わらないと考えてください。**

ある上場企業に、簡単な言葉を使うことで、部下から信頼を得ているリーダーがいます。

元ラッパーの彼は敬語が話せず、面接で50社も落とされましたが、ようやく内定をもらったその会社で一気に頭角を現した、そんな稀有なリーダーです。30歳にして、あらゆるタイプの部下からも慕われ、今では重要な組織の責任者です。

そして、彼の言葉はこんな感じ。電話での部下との会話を紹介します。

「あー、俺だけど。あの件、どうだった？　そうかー。それはつらいな。じゃあ、Aの案、あっAの案ってわかるかな？　OK。もう一度、お客様に電話して、できれば上長の方にも会う約束をもらおうよ。できそうかな。OK。ありがとね」

そう、**彼は部下の視点に下りていいます。**もちろん、カタカナも使っていませんし、専門用語も封印しています。

ゆえに、次の会話にまったく違和感がないなら、気をつけたほうがいいでしょう。部下には難しく聞こえるかもしれません。

「じゃ、キーマンにアポイントをとって、A案のオプションを示そうよ」

中学生でもわかる言葉を使う

わかりやすい言葉とは、中学生でもわかる言葉です。中学生時代を思い出してみましょう。

「オプションを示そう」、こう伝えていたとしたら、意味が通じないばかりか、「かっこつけてる」とムカつかれるかもしれません。

わかりにくい言葉は、相手の自尊心を傷つけ、嫌われるリスクすらあるのです。TPOに合わせたコミュニケーションをとることも大切なことなのです。

たとえば、「オプション」を「選択肢」というだけでは不十分かもしれません。中学生は選択肢という言葉も使わないでしょう。「お客様に選んでもらう」が正解です。

では、次のこれらはどうでしょう。練習だと思ってトライしてみてください。

Q：中学生でもわかる言葉に直してみてください（※模範解答は章末）

①「アサインする」→（　　　）
②「プライオリティをつける」→（　　　）
③「今日のアジェンダは？」→（　　　）
④「フィードバックするよ」→（　　　）
⑤「ナレッジをシェアしてよ」→（　　　）

自分は仕事ができると思っている人ほど、要注意です。だからこそ、できるリーダーは、ＴＰＯに合わせてわかりやすい言葉を使うことに細心の注意を払っているのです。

ポイント

- リーダーは中学生でもわかる言葉で説明できるようにする。
- 日頃から、カタカナや専門用語を使わないトレーニングをしておく。

「わが社のため」ではなく「あの人のため」

5分で部下を熱くした〝人見知りマネジャー〟の教訓

私の研修を受講して、劇的な変化を遂げられたリーダーがいます。

求人広告を扱う会社の営業リーダーでしたが、声も小さく、目も合わせない、そんなおとなしい人です。しかし、彼はたった5分で部下を熱くすることができます。

生来、おとなしい人が猛々しくなる必要はありません。もっと大事なことがあります。まず、**リーダーとしての立ち位置をつくること**です。

それは、「誰のため」にそこに立っているのかを明確にすることに他なりません。

彼はそのセオリーを愚直に実践しているのです。

では、彼のスピーチを見てみましょう。

「ちょっと、集まってもらっていいかな。ありがとう」

（ガヤガヤ……）

「私はもっとお客様の悩みを聞くチームにしたいと思っています。

先日、ある社長から廃業をする旨を伺いました。後継者を育てなかったツケだとおっしゃっています。

私は、後継者がいないなら採用すればいいということを伝えられなかった。他にも同じ悩みを抱える社長はいるはずです。だから1件でも多くの求人の悩みを聞かねばならない。

もちろんラクではないし、地味な仕事の連続です。でも、ここにいる我々しかできる人がいない。そして、この部下だからこそやれると思っています。お願いです、どうぞ、チカラを貸してもらえませんか。よろしくお願いします」

彼が言い終わると、必ず拍手が渦巻きます。**本心を伝える「型」を習得しているから**です。彼が何度も繰り返し練習をした、その「型」を紹介しましょう。

「よろしく」ではなく「お願いします」

部下を惹きつけるスピーチの「型」

①最初に実現させたいことを伝える
②その理由を語る（会社の方針をなぞらえるだけではなく自分の使命として）
「どこの誰（困っている人）」を「どんなふう」に救いたいのかを具体的に語る
③とはいえ、自分達がやるべきことは「地味」で「険しい」と語る
④でも、ここにいる「我々しかやる人」がいないことを語る
⑤そして、このメンバーならやれることを語る
⑥最後は「お願いします」と協力を請う

この**スピーチの鍵は、リーダーが何に対して頭を下げているのかにあります。**
「わが社のため」では、部下の心を惹きつけるのは難しいでしょう。目の前の**「あなた達を必要としている人」のために頭を下げる、これが影響力を持つリーダーになる**

鍵なのです。それはお客様かもしれませんし、まだお客様になっていない人かもしれません。もちろん、社内のある部門の人々の場合もあるでしょう。

そして、「よろしく」ではなく「お願いします」の姿勢が部下の心に火をつけます。「よろしく」は「やらせる」発想の言葉であり、「あなた達を必要としている」は「ともに戦う」発想の言葉です。**部下はリーダーの言葉一つひとつに敏感なもの**なのです。

ところで、リーダーになったあなたは、何のために、会社に行くのでしょうか。給与のため？　目標を達成させるため？　自分がいないと業務がまわらないため？　これだけだと、あなた本来の影響力を発揮できないかもしれません。

まず、目の前の「助けるべき人」を見出すことをオススメします。きっと、あなたの使命に多くの部下も共鳴してくれるでしょう。

ポイント

- まず、リーダーとしての「立ち位置」を決める（誰のために仕事をしているのか）。
- 部下を惹きつけるスピーチの「型」を覚えておく。

仕事のできるあの人がリーダーをおろされた理由

「ウチの部下は能力がない」と言った人から捨てられる

1人で結構です。あなたのまわりで仕事ができない部下を思い出してください。あなたは周囲にその人のことをどのように言っていますか？

その時、**部下の「能力」について泣き言を言っていたのなら、かなりマズいです。**

「彼は、多分この仕事に向いていないんだよね」

「いや〜、何度言っても、彼女は言っていることが理解できないんだよね」

「今年の新人はプライドばかり高くて、困っているんだよ」

そう思いたくなる気持ちは理解できます。しかし、周囲の人はこう考えます。

「そもそも、彼の強みを活かせていないのは君のせいじゃないの？」

「彼女が君のことを理解できていないのは、君の能力の問題じゃないの？」

「プライドが高い人を、うまく手なずけるのが仕事でしょ」


つまり、こういうこと。

目の前の出来事は、全てリーダーの能力によるものとして処理されます。

言ってみれば、**部下の能力を嘆くということは、自分の能力不足を言い訳にしているのと等しい**わけです。


では一体、いつも部下の能力を嘆くリーダーはどうなるのでしょうか？

私の知っている限りでは、部下からの信頼を得られず、「あの人の下ではできない」という部下の声が部長や役員の耳に入るようになります。

場合によっては、リーダーの任を解かれるケースがあるのも現実です。

部下がリーダーを選べない時代は終わりました。今は、部下がリーダーの生殺与奪の権を握っていて、リーダーはいきなりグサリとやられてしまうかもしれません。

おおげさではなく、今の時代のリーダーは身分ではなく、ただの役割、そう考えておきましょう。

リーダーになることが決まったら、まず「自分の常識」をリセットする

では、仕事のできない人に対して、あなたはどのように考えればよいのでしょうか。

まず何よりも「自分の常識」を横に置いてもらいたいのです。**リーダーになるということは、相手の能力や価値観を認める覚悟を持つことからはじまります。**

あなたの「普通はこうでしょ?」といった常識は、ここで断ち切っておきましょう。


早くしてリーダーになる人は、プレイヤーとしても業績を残してきた人が多く、当然にして部下より仕事ができるわけです。そのため、**この時に自分の常識をリセットしておかないと、恐ろしいことに部下のことがバカに見えてしまいます。**

さらに困ったことは、そうなるとどの職場に移っても部下がバカに見えてしまい、どこに行っても、部下と信頼関係を築きにくい人になってしまうわけです。だから、

辞令を受けた時に自分の常識をリセットしておくことが、極めて重要なのです。

そして、**自分の常識を差し置くと、評価はプラスの方向にガラリと変わります。**「仕事に向いていない部下」という評価は、「時間をかけて育てる部下」になりますし、また「何度言っても理解できない部下」ではなく、「やって覚えるタイプの部下」になるでしょう。「プライドの高い部下」は、「慎重なタイプの部下」といった見方もできるわけです。

特別な才能や輝かしい経験は不要。大事なことは自分の常識を捨てることです。ぜひ、あなたの常識を差し置いてみてください。きっと部下を見る目が変わってくるはずです。

ポイント

- 「ウチの部下はできない」と口が裂けても言わない。
- リーダーになった瞬間、「普通はこうでしょ?」と言わないようにする。

■ 43ページ設問の回答例

模範回答は次の通りです。

①「人にお願いする」

②「今、大切な優先するべきものから順番をつける」

③「今日、話し合うことは?」

④「伝えるよ」

⑤「いい話はみんなに教えてよ」

第2章

すぐれたリーダーになれる「最短距離の歩き方」

超速で「部下の警戒心」を溶かす

やり手の若手リーダーが、必ず落ちる落とし穴

実は、はじめてリーダーになる人、特に若くして抜擢された人は、必ずと言っていいほど、部下の信頼を得る難しさに直面することになります。特にやり手のベテランが部下になる時ほどそうです。部下とギクシャクするだけではなく、場合によっては抵抗すらしてくる人もいるでしょう。

理由は簡単。**部下はあなたのことを警戒しているから**です。

リーダーが変わることは部下にとっては事件と同然です。リーダーのあなたは評価者なのですから、当然だと考えてください。

かく言う関西出身の私も抵抗にあったことがあります。東京に異動になった時、部下から先制パンチをくらいました。

「関西弁を使う人は嫌いです。ビジネスでは、標準語を使ってください」

関西人が標準語を使えるようになるには、あたかも地方の訛りを覚えるほどに難しく、時間がかかります。そこを突いた口撃でした。

でも、プロセスを知っておけば、焦る必要はありません。**「警戒」を「信頼」に変えるためには5つのプロセスが必要**です。次のプロセスを押さえておきましょう。

■信頼を得るまでの「部下の心理プロセス」

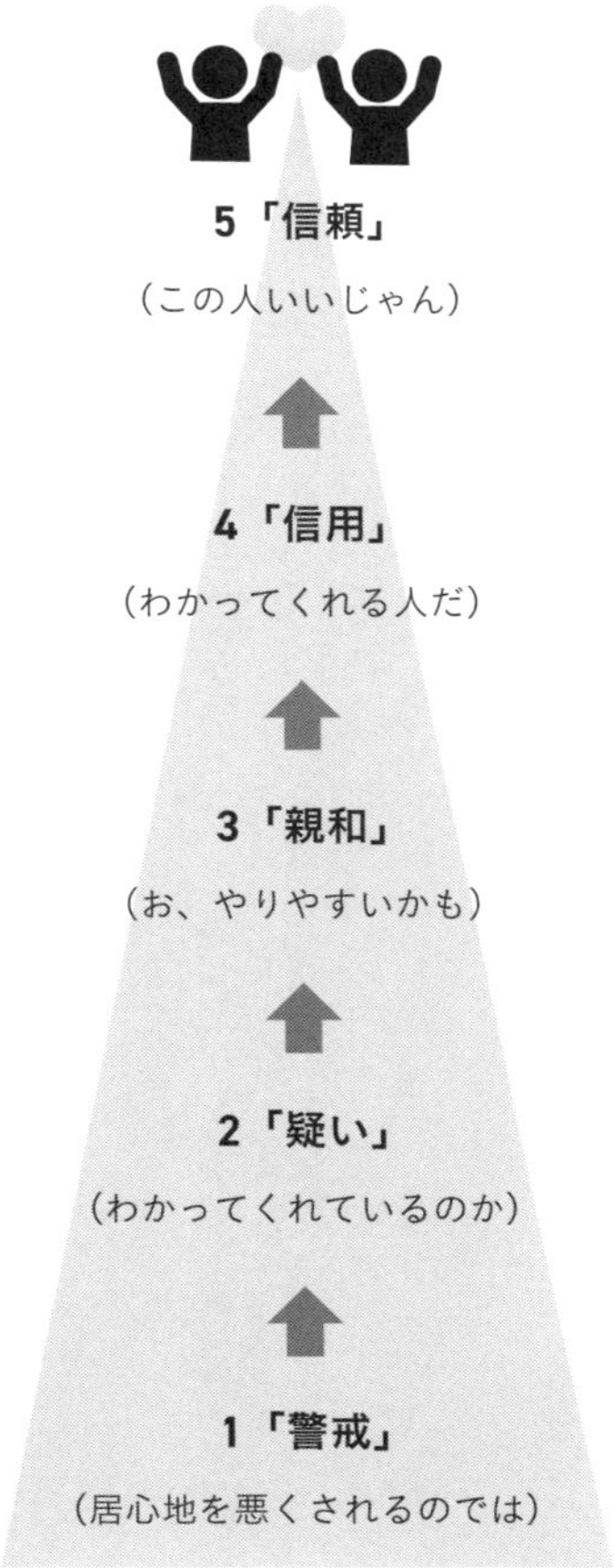

つまり、「関西弁は嫌い」という反応は、まだ警戒のステップなわけです。結局、私が標準語をマスターする前に、その人との関係はよくなりました。

必要以上に下手《したて》に出る必要もありませんし、また高圧的になる必要もありません。とはいえ、最初が肝心。ここでは、警戒心を解く効果的な対策を紹介します。

「雑談」に「雑談」を重ねる

警戒心を解くためには、最初の1か月が勝負です。すぐれたリーダーになるためには、絶対に1か月で**警戒心を解かなければなりません。**

ここに時間をかけすぎると、周囲は「うまくいっていない」と評価します。残念ですが、周囲はせっかちなものです。

あなたには、次に紹介する法則で乗り切って頂きたい。それがこれです。

あなたから部下に歩み寄って、雑談を重ねます。

こんな感じ。

「山田さん、空調、暑くない?」

「佐藤さん、ランチは、どこで食べているの?」
「昨日、サッカー見た?」

はじめは職場で仕事以外の会話をすることに抵抗があるかもしれません。でも、**会話の量を増やすことは、悪化した人間関係を修復する定番のセオリー**であり、優秀なリーダーが積極的に活用している隠しレシピです。我々が、この隠しレシピを使わない手はありません。

結論です。くどいですが着任から1か月が勝負です。最初の1か月は、煩わしいと思われるほどに雑談をしてください。ここが、信頼へのテイクオフ(離陸)です。

ポイント

- 部下は、評価者であるあなたのことを警戒している。
- 警戒心を解くためには、最初の1か月が勝負。自分から雑談に雑談を重ねること。

心をわしづかみにする「ほめ方」と「叱り方」

すぐれたリーダーは、心がけに感謝する

あなたの部下は、あなたが思っている以上に〝息切れ〟をしているかもしれません。

こんな調査があります。リクルートマネジメントソリューションズ社の調査（2023年）によると、約6割（58・8％）の人が「会社をやめたい」と考えたことがあると言うのです（※）。もし、あなたの職場の6割がそうだとすると、恐ろしくないですか？

だから、リーダーであるあなたは、部下が給与や職場に不満を感じていようが、**魔法をかけてでも部下を元気にしないといけない**のです。それが、リーダーの役割です。

（※）https://www.recruit-ms.co.jp/news/pressrelease/0000000417/

ここでは、部下が元気になる魔法を紹介します。とても簡単です。**部下の「心がけ」に感謝する**のです。たとえば、こうなります。

「山本さん、他社の事例を添えてくれたんだ。その心配り、助かります。ありがとう」

「高田さん、挨拶の声が元気でいいね。職場が明るくなるよ。ありがとう！」

多くのリーダーは、それほどまでに感謝をしません。「コピー、ありがとう。助かったよ」と伝えるぐらいです。それでは、部下の心は満タンにはなりません。1000円分の給油のようなもので、大事なところでガス欠をするかもしれません。

一流のリーダーを目指すなら、照れずに、その「心がけ」に感謝を示してください。練習をしてみましょう。次の場合、あなたならどのように感謝を示しますか？

部下の「心がけ」に感謝を示す練習

- 部下が、自らマニュアルをつくって、後輩に仕事を教えているシーンを見てひとこと
- 部下が、誰よりも朝早くから出社しているシーンを見てひとこと

いかがでしょう。感謝を伝えられそうですか？　実際には緊張するでしょう。まずは3回がんばってください。迷うのはそれからでも遅くはありません。

すぐれたリーダーは、さっぱりと叱る

怒ってばかりのリーダーは嫌われます。

かといって、やさしいだけの叱れないリーダーは頼りなく見えます。もし、あなたが叱らない人だとすると、部下はすぐにあなたのことをこう厳しく評価します。

「本気で関わってくれていない」

なので、部下のことを大切に考えているのなら、たまには叱らないといけないのです。

ただし、叱り方にはルールがあります。**叱るのは出来事にとどめる**こと。

絶対に「能力」「人格」を叱ってはなりません。極端ではありますが、「万引きをしたことは悪い。でも、あなたの人間性は認めている」という論理です。それこそが、すぐれたリーダーの叱り方です。ここでも、ちょっと練習しておきましょう。

すぐれたリーダーの叱り方

練習：次のシーンで、出来事に絞り、叱ってみてください

・部下が、あなたとの面談の時間を勘違いして、すっぽかしてしまった

（　　　　　　　　　　　　　　　　　　　　　　　　　）

いかがでしょう。少し言い足りない気分ですか？　もし、そうだとしたら、普段の叱り方を短くしたほうがいいかもしれません。

「面談の時間を忘れることはあり得ない。何があった？」

これくらいにとどめ、そのこととの重大さの理解と反省を促せば十分です。

短い言葉で気づきを与えてくれるリーダーのことを部下は尊敬します。くれぐれもクドクドと叱らないことです。

ポイント

■ ほめる時は、「その人の心がけ」に感謝する。

■ 叱る時は、「出来事」にとどめる。物足りないくらいでいい。

ブレない姿勢を示す簡単な方法

部下はリーダーに一貫性を求める

侍ジャパンの栗山英樹監督は、ブレない判断基準を持つことで、尊敬されるリーダーの1人です。どんな局面でも、「選手のためになるかならないか」で判断していると公言しています。

ある時、マネジャーが「翔平（大谷翔平）が怒っています（もっと投げさせてほしいと）」と言った際、「怒らせとけ」と言い返したそうです。

選手として、長きにわたってよい結果を出し続けるためには、休むべき時には、休まなければならない、との判断からです。スーパースターの大谷翔平選手に対しても、まったくブレない姿勢である監督だからこそ、信頼を得るリーダーであったことは想像に難くはありません。

やはり「ブレない」ことは、すぐれたリーダーに不可欠な要素なのです。

リーダーが「ブレない」姿勢を示すためのオススメの方法があります。それは、「決めゼリフ」を持つことです。

小さなチームのリーダーだとしても「決めゼリフ」を持っておくことをオススメします。私も「決めゼリフ」を持つことで得をした1人です。リーダーになったばかりの私は力不足を自覚していましたが、「決めゼリフ」に随分助けられました。

「期待に応えるな。期待を超えよ」

この決めゼリフは、部下が5人であろうが、200人であろうが、部下はその言葉を方針として受け止めてくれていました。

以前、10年ぶりに会った昔の部下も、このセリフを覚えてくれていて、彼の部下にその言葉を伝えているとのことでした（独立した今も、私はこの「決めゼリフ」を使っています）。

つまり、すぐれたリーダーは、わかりやすい言葉で伝える工夫が必要です。それが「決めゼリフ」です。では、そのコツを紹介します。

刺さる「決めゼリフ」のつくり方

「決めゼリフ」とは植物にたとえると「タネ」のようなものです。あなたが「決めゼリフ」を言うたびに「タネ」がオフィスや会議室、商談先にポトンと落とされ、そこで芽が出て花になる。その「タネ」が風に乗って拡散すると、そこに、あなたがいなくてもどんどんあなたの思いは広まることでしょう。つまり、**強い「決めゼリフ」を持つということは、あなたの思いの拡散力を高めること**なのです。

では、強い「決めゼリフ」をつくるコツを紹介しましょう。それがこれ。

強い「決めゼリフ」をつくるコツ

①あなたの揺るがない信条を確認する
②その理由を確認する
③あなたの信条を5秒以内で伝えられる言葉をいくつか考え、その中から1つを選ぶ

もし、あなたが①の信条で答えに困ったとしたら今日がチャンスです。きっと、深く考えたことはなかったかもしれません。

すぐれたリーダーは「一貫した姿勢」が組織を運営する上では重要であることを知っています。部長であっても、小さなプロジェクトリーダーであってもです。ここが「普通のリーダー」と「すぐれたリーダー」の大きな違いです。

でも、安心してください。私の研修の参加者も最初はほとんど①で立ち止まります。信条なんて考える暇すらないからです。

しかし、考えを整理するだけで、人は変わる機会を得て、部下を巻き込めるようになります。

リーダーになったら、ぜひとも「決めゼリフ」を持ってください。きっと、あなたの思いが遠くまで拡散されることでしょう。

ポイント

- 優秀なリーダーは「決めゼリフ」でブレない印象を与えている。
- 「決めゼリフ」を持つことがあなたのブランディングになる。

「決断力」は日々磨ける

決断力を磨く練習法

リーダーは決断の連続です。優秀なリーダーは、気持ちいいくらいにズバズバと決断します。あなたが決断力に自信がないようなら実践してほしいことがあります。

チームのメンバーとランチに行く際に、先頭を歩くということです。

「何それ？」と思われたかもしれません。でも、意外とトレーニングになるのです。

普段やっていない方はとまどうかもしれません。

むろん、周囲の声を聞かず、店を決めるのはＮＧ。とはいえ、顔色をうかがうだけではなく、決める時は、スパッと決める胆力は必要、ということ。

たとえば今、チーム全員で「みんなでランチに行こう」となりました。「どこに行く？」と言いながら、ゾロゾロとみんなが歩き出します。

その時、先頭を歩いてみるのです。きっと、想定外の事態に遭遇します。「想像以上の行列」「満席で4人までなら入れる」「席が分かれる」などです。

さて、こうなると次の店を考えるためにも**「何を優先するか」を瞬時に考えなければなりません。**もちろん全員の意思が一致することはありませんので、あなたが「エイッ」と決めることになります。

たったこれだけですが、これこそが、決断力を高める練習になるのです。

白状しますと、大勢で歩くのが苦手な私は、こうした時は1人でサッと抜けるほうでした。しかし、リーダーになるとそうはいきません。部下は見ています。もし、火事になったら部下を置いて1人で逃げる自己中心的な人、おおげさかもしれませんが、そんな印象すらあたえてしまうことでしょう。

だからこそ、積極的に決められる人でなければなりません。**ランチタイムは、あなたの決断力を磨き、そしてあなたへの信頼を感じてもらうための一歩**です。

「行動が習慣を変え、習慣が人格をつくる」という格言がありますが、小さな行動の積み重ねが、あなたの決断力にも磨きをかけてくれることでしょう。

「捨てる」と、決断が早くなる

それでも決めることが苦手という方もいることでしょう。そんな方は、次の質問を自分に投げかけてみてください。

「決断力」を高めるための、自分への質問

・それをやめると誰が困る？（困らないなら、すぐにやめる）

この質問で考えると、ムダな残業や会議がなくなるばかりか、あたり前だと思っている仕事にさえもムダを見つけられるようになります。

たとえば、あなたが新規開拓をするセクションの営業リーダーとしましょう。その時、「このリスト以外にはアプローチをしないでね」と言い切ることは極めて重要です。あるリストから契約に至る率が10％で、それ以外からは契約に至る率が2％とい

うことも少なくないからです。このリストに**絞るだけで5分の1のチカラで同じ成果を上げることができる**わけです。だから、優秀な営業リーダーは、最初に「契約に至る率」を調べ、効率の悪いところはバッサリと捨てます。

普通のリーダーは、捨てることをせずに目の前にある玉石混淆のリストを「いかに効率よくアプローチ」するかを考えます。だから、ムダな残業がなくならないのです。

いかがでしょう。これはほんの一例です。もう一度、言います。**すぐれたリーダーは「やらないこと」を決められる人**です。

ぜひとも、部下に「それはやらなくていいよ」とたくさん言ってあげてください。きっと、部下のあなたを見る目が変わることでしょう。

ポイント

■ 決断力に自信がなければ、まずはランチタイムで先頭を歩く人になる。
■ 決断力は「捨てる」ことでも磨かれる。

すぐれたリーダーだけが知っている「魔法の主語」

主語をWEにするだけで、「一体感」が生まれる

次の2つのセリフを比べてみてください。リーダーから部下へのセリフです。

A「みなさん、お客様からクレームを頂きました。基本行動の徹底をお願いします」

B「クレームを頂きました。今こそ、我々が大切にする基本行動を徹底しましょう」

優秀なリーダーは、Bの手法で語りかけます。違いは主語。

Bは**主語をYOU（みなさん）ではなく、WE（我々）にして語っている**のです。

このように主語をWEにするだけで、なぜかチームの雰囲気に一体感が出るから不

思議です。やらない手はありません。

続けるうちに部下の主語までもが、WEに変わってくることに気づくでしょう。そうなるとチームの一体感はさらに高まります。これは、営業にも使える法則です。

理解を深めるためにも練習してみましょう。次のセリフを言い換えてみてください。

主語をWEに変換する練習

【社内にて：朝礼】

「おかげさまで目標が達成できました。みなさんのがんばりのおかげです。ぜひ、来月もよろしくお願いします。ご苦労様でした！」

（　　　　　　　　　　　　　　　）

【社外にて：営業】※常連のお客様との商談のシーン

「さらに貴社にご満足いただけますよう、サービス向上に務める所存でございます。弊社に対してのご要望はございますか？」

（　　　　　　　　　　　　　　　）

たとえば、朝礼のシーンにおいては、

「我々は本当によくがんばった。次も、一緒にこうやって喜べるようにがんばりましょう。ありがとう」と表現することもできます。営業のシーンでは、

「我々の課題をクリアするにあたって、さらにできることはありますか？」

とお客様の課題を〝我々の課題〟として表現することもできます。

THEYを加えれば、チームに「誇り」が生まれる

さらに強烈な効果をもたらすオプションがあります。それがTHEY。第1章でもお伝えした「あの人のため」の法則です。大切なことなのでもう一度伝えます。

THEYとは「あなた達を必要としている困っている誰か」です。お客様もしくはお客様になっていない人と考えてください。それが難しいようなら他部署の人達でもいいでしょう。たとえば、THEYを加えるとこうなります。

「名前も知らない、カンボジアかどっかの小さな女の子が、泥んこの顔で、りんご1個もらって『ありがとう』。何か我々ができることをして、誰に感謝してもいいかわ

からない状況で、心の中で『ありがとう』と。そういう貢献ができれば幸せです。（省略）どうか、よろしくお願い申し上げます」（10秒ほど頭を下げる）

これは、ソフトバンクの孫正義社長が従業員向けに語られた一節です（ソフトバンク新30年ビジョンでのスピーチ）。孫社長が、未開の地域で十分な教育や情報に触れていない人達にも機会を提供し、格差をなくしたいとの思いを「**WEはTHEYを救うために挑戦する**」**という法則**で語ったものです（ソフトバンクグループのホームページでも視聴できるので、参考にしてみてください）。

WEを主語にして語る時は、THEYを意識してみましょう。誰のために頭を下げる人なのか、「どこを見て仕事をしているリーダー」かを伝えることになります。

ポイント

- 主語をWEにする。すると、チームの一体感は高まる。
- 「WEはTHEYを救うために挑戦する」の法則で語ると、あなたの影響力は高まる。

「助言」ではなく「質問」で部下を動かす

アドバイスをするから、部下に嫌われる

「他にやりたいことができたので、来月には会社をやめたいと思っています」

突然、このように打ち明けられるリーダーは少なくありません。もし、思いあたるふしがあれば、部下はあなたに本音が言いにくかったと考えたほうがよさそうです。

特に、**若くして抜擢され、一生懸命にがんばるリーダーは気をつけてください。**がんばる人ほど、部下は本音を言えないという法則があります。

たとえば、よかれと思い、いろんなことをアドバイスしてしまうこともその原因。

リーダーの過剰なアドバイスは、部下にとってはきゅうくつに感じる指示に等しく、言ってみれば会話をするたびに、自分と意向に沿わない仕事を増やされると感じるわ

けです。では、どうすればいいのか?

すぐさまアドバイスをせずに、まずは話を受け止めましょう。その上で「質問」をしてみてください。たとえば、こんな感じ。

部下を動かす質問

①部下が言っている言葉を「反復」しながら傾聴する
②時おり、その時の部下の「感情を代弁」してあげる
③最後に部下の言いたいことを要約し、「質問」する

私が管理職をしていた時に受けた相談の実例を紹介します。

「もうこの仕事も2年やりましたので、もう十分です。企画に異動させてください」
「そうか、2年か」(反復)
「そうです。もう十分だと思うのです。もっと、成長したいのです」
「そうか、もっと成長したいのか……」(反復)

「はい、最近、焦りが募るばかりで仕事が手につかないんです」
「そうか、それはつらいな……」(感情を代弁)
「はい。だから、4月には企画に異動をさせて頂きたいのです」
「そうか、最良の策を考えたいね。ちなみに他の選択肢はなかったの?」
「正直なところ、これしか思い浮かばなかったのです」
「ということは、企画に異動することに絞るのではなく、成長する方法も考えたほうがいいってことじゃない?」(要約)
「あっ、はい、そうですね」
「じゃ、一緒に考えてみる?」(質問)
「お願いします」

すぐれたリーダーは、質問が相手の救いになることを知っています。

すぐれたリーダーは、2種類の質問をうまく使い分ける

質問には2つの種類があります。「**原因分析型**」と「**問題解決型**」の質問です。

前者は、「なぜ？」と原因を深く掘り下げる質問で、後者は「どのようにすれば？」と解決策を探す質問です。**部下の心の様子によって、この2つの質問を使い分ける必要があります。**

基本的には、部下が元気な時は「原因分析型」の質問で内省を促し、部下が少し元気を落としている時は「問題解決型」の質問で希望を感じさせるように導きます。

しかし、逆をやってしまうと口は重くなります。原因分析型の質問はエネルギーを消耗するからです。元気のない時には、エネルギーを蓄えさせる問題解決型の質問が効果的なのです。部下のコンディションに合わせて、質問を使い分けるのもすぐれたリーダーのポイントです。

ポイント

- すぐれたリーダーはアドバイスを我慢して、質問で部下を動かす。
- 部下の心のコンディションに合わせて、質問の種類を変える。

部下の視座を格段に高める「質問力」

部下を「囚われの沼」から「広大な海」にいざなう

あなたには恩師と言いたくなるようなリーダーがいますか？

また、尊敬されるリーダーのランキングがマスコミで紹介されています。その常連は織田信長、徳川家康、イチローさん、大谷翔平選手など。

さて、あなたの恩師とこれらのリーダーに共通することは何でしょうか？

それは、**新しい可能性を示してくれた人**ではないでしょうか？

好かれるリーダーと尊敬される恩師は、まったく別です。恩師となるリーダーは、部下の「前提」を変えることで、「囚われの沼」から「広大な海」にいざなってくれる人なのです。

では、我々はどんな「囚われ」から部下を解放してあげられるでしょうか？

一例をあげてみましょう。

部下の囚われ

①「方法」の囚われ（例）採用が必要という人は多い。でも外部化はできないか？

②「視点」の囚われ（例）お客様を知るだけではなくお客様になってくれない人達を知る必要はないのか？

③「意味」の囚われ（例）失敗は「結果」ではなく成功をつくる「プロセス」ではないのか？

大阪の経営者研修でこの話をした後、ある経営者がさっそく導入されたのが、「失敗大賞」。前向きな失敗をたくさんした人に金一封を付与するという制度です。

後日、その会社に訪問したのですが、設立からすでに40年たった会社とは思えないくらいに従業員はいきいきとしていました。

では、現場を預かるリーダーは何をすればよいのでしょうか。次に現場リーダーが部下を「囚われの沼」から「広大な海」へといざなう方法を紹介していきましょう。

部下を「広大な海」にいざなう、リーダーのひとこと

現場のリーダーがすぐにできる方法としては、「3つの質問」を使うことがオススメです。その3つとは次の通りです。たったひとことで、部下の前提を壊せます。

部下を思い込みの囚われから解放する質問

①極論で質問する（例：ゼロベースで考えてみるとどうかな？）
②根拠を質問する（例：ホントにそう言える？）
③他の選択肢を考えたのかを質問する（例：他の方法はないのかな？）

実例を紹介しましょう。減らない残業に悩む部下から相談を受けるシーンです。

部下　「仕事が忙しくて、残業は増える一方です。人を増やしてください」
リーダー　「残業が増える一方か。それはつらいな。話を整理してみようか」
①極論で質問　「もし、仕事の半分を捨てなさいと言ったら、何をなくせるかな？」
②根拠の質問　「もし、その仕事を捨てられないとしたら、その本当の理由は？」
③選択肢の質問　「捨てられないとしたら、他の方法を3つ考えてみようよ」

部下の悩みや陳情のほとんどは「囚われの沼」での出来事です。すぐれたリーダーは「囚われ」から部下を解放し、「広大な海」を見せることによって解決を図ります。きっと、あなたと出会った部下は感謝することでしょう。

ポイント

- すぐれたリーダーは部下を「囚われ」から解放する。
- 3つの質問で部下を「囚われ」から解放する（「極論」「根拠」「選択肢」の質問）。

これだけで「リーダーとしての器」が大きくなる

器の大きさは、「解釈」で決まる

人気のないリーダーになるのは簡単です。「出来事」に「悪い解釈」をつけ加え続ければ、すぐに人気は落ちます。

たとえば、「彼は目標を達成できない。だから、やる気がない。ゆえにダメだ」とあなたが陰で解釈されていたらどうでしょう。悪い気がしないというのはよほどの変わり者と言ってもいいでしょう。

一方、人気のあるリーダーになるのも簡単です。**「出来事」に「いい解釈」を加え続ければ、人望はつくれます。**

たとえば、こんな感じ。

「彼は目標を達成できないが、彼のお客様を第一に考える姿勢は正しいと思う。やり方の問題だ」

「悪いこと」に「いい解釈」を加えると、器が大きく見えるから不思議です。

練習してみましょう。次のセリフを「いい解釈」に変えてみてください。

「あの人は何も考えていない」→（　　　）

「あの人は完璧主義で困る」→（　　　）

「目標が連続で未達成はあり得ない」→（　　　）

「彼は暗いので営業は向いていない」→（　　　）

「彼女はまともに敬語も話せない」→（　　　）

もちろん、正解は1つではありません。「何も考えていない」は、「おおらか」とも「楽観的」とも変換できます。

「完璧主義」は「責任感のある」や「きっちりしている」とも言い換えられます。
残りの回答例は86ページで紹介します。

「いい解釈」に翻訳するためのコツ

いい解釈に翻訳するにはコツがあります。それが、これ。

あらゆる出来事に「いい解釈」を加えるコツ

①そのことが「どう役立つ」のかを考える
②そのことに「どんな意味」があるのかを考える

コロナウイルスが猛威を振るっていた時のこと、多くのホテル、旅館業が壊滅の危機にある中で、「チャンスは大きい」と提唱し、脚光を浴びていたのが、星野リゾートの星野佳路社長でした。
「こんな時こそ、宿泊業は本気で観光客の満足を考えなければならない。インバウンド市場は約4・8兆円。これが減ったとしても、実は問題ない。日本人が海外旅行で消費していた約3兆円もある。この金額が国内旅行に向かえば、国内旅行市場は22兆円から25兆円に増える。感染リスクに配慮した、近距離の旅行、つまり『マイクロツーリズム』を提案すれば、活路はある」と、提唱していたのです。

実際に近距離の旅行客市場を開拓し、業績も好調に推移したというのですから、いかなる状況でも、いい解釈を探すことの重要性を示唆するエピソードでしょう。

我々も、常にその出来事が「どう役立つのか（好転させることができる？）」「この出来事には、どんな意味があるのか」を考えておかねばなりません。

そのことが、あなたの器を飛躍的に大きくする鍵となるでしょう。

ポイント

- ■ 悪い出来事に「いい解釈」を与え続けると、部下はあなたを尊敬する。
- ■ リーダーは、その出来事が「どう役立つのか」「どんな意味があるのか」を常に考える。

■83ページの回答例

「連続して未達成」↓「失うものはない」

「ゼロベースで見直すチャンス」

「暗い」↓「落ち着いている」

「浮ついていない」

「敬語が話せない」↓「今がスタートライン」

「敬語は勉強すればすぐ克服できるしね」

第3章

ムダな時間を全てなくす「最速の仕組み」

がんばり依存症が、賞味期限を短くする

今こそ、自分達の「賞味期限」に敏感になる

コロナ禍が落ち着いた頃からでしょうか、ワークスタイルは大きく変化し、「時差出勤」「時短出勤」「フレックスの徹底」「リモートワーク」があたり前のスタイルとなりました。同時に職場での残業も随分と減ったという声を耳にします。

ところが、一方で、こんな問題を耳にするようになりました。

「人が不足しているため、1人あたりの仕事量は減っていない。仕事を家に持ち帰っている」

「プレイングマネジャーなので、自分の業務をしながら部下のマネジメントをするの

が、かなりきつい。自分の業務については時間外にやらざるを得なくなっている」「リモートになって誰からも何も言われないので、家で残業をやってしまっている」

いつの時代も、仕事がある限り、仕事が減ることはありません。

それどころか、チャットやオンラインツールなど、便利なツールが増えるほどに、打ち合わせの数は増え、テキスト入力を介したやりとりも増え、気がつけば、かえって忙しくなっているという人も少なくないのです。

このような、残業（隠れ残業含む）を減らす際、大事なのは、ある「覚悟」を決めることです。覚悟とは、ただ単に「早く終える」といったものではありません。

あなた、および部下のビジネスパーソンとしての「賞味期限を延ばす」覚悟です。ビジネスパーソンとしての、賞味期限を考えるなら、インプットの時間を確保し、ムダな残業を断ち切る覚悟が、絶対に必要です。

「がんばらなくてもよい」仕組みをつくる

あなたが、残業をやめる覚悟を持った時にやって頂きたいことは、「**がんばらなくても成果を出せる**」**仕組みをつくる**ことです。

難しく思えるかもしれませんが、具体的には「量」と「率」の双方のマネジメントを行うだけのこと。

新規開拓営業の例で考えてみましょう。

「量」と「質」のマネジメントの一例（新規開拓営業の場合）

訪問数をマネジメントすることに加え、次の「率」をマネジメントする

率①：訪問から商談に至る率を2倍にする

率②：商談から受注に至る率を2倍にする

これだけで、同じ活動量でありながら、4倍の成果が生まれます。

もちろん一朝一夕ではできません。リストを厳選し、商談プロセスも設計し、トー

クをつくり込んだ上で何度も実験を繰り返す、そこまでやれば4倍の差をつくれます。
もちろん、営業だけではなく他の職種にもあてはまります。人員数を増やすだけではなく1人あたりの処理効率を、仕事を増やすだけでなく利益率の高い仕事にするなど、がんばらなくても成果を出せる方法を誰よりも考えるのが大事ということ。

一生懸命に遅くまで働いて成果を出すのではなく、同じ活動量で数倍の成果を出す「仕組み」づくりに挑戦してみてください。
それが、リーダーの重要な仕事なのです。

ポイント

- 自分達の「賞味期限」を延ばすには、「インプットの時間」「残業をやめる覚悟」が必要。
- リーダーは「がんばらなくても成果を出せる」仕組みをつくること。

集中力をマックスにする「締切効果」

日々の集中力を高める仕掛け

なぜ会社には「目標」があり、目標には月間など期限が設けられているのでしょう。そもそも「できるところまでがんばる」ということが、なぜ許されないのでしょうか？

それは、**集中力を高める**ためです。締め日直前の職場を思い出してみてください。きっと職場の集中力は、「普段」以上に高いのではないでしょうか？

そして、職場を見渡した時、締切日とそれ以外の日の集中力に差があるとすれば、日々の集中力をまだまだ高めることができるということです。

では、日々の「職場の集中度」を高める、とっておきの仕掛けを紹介しましょう。

職場の集中力を高める仕掛け
「今日、1日の目標」を設定する

これは、締切直前になると集中力を高めるという「締切効果」を1日単位で狙ったものです。

私が今までに約4万社を訪問してわかったことは、**人はその職場のスピードに慣れてしまう**ということです。つまり、自分達が遅いことに気づかないこともあるのです。

集中力の高い多くの職場では、1日の目標、週の目標といった短いスパンの目標が設定されています。反面、のんびりした職場では月間単位以上の目標しかなく、加えて言うなら、その目標すらも意味をなしていないことが少なくありません。

1日単位の締切効果を狙ったケースをあげると、営業職であれば「今日の日商目標」「今日の商談目標」などを、内勤であれば「今日の到達度」を決めるという方法もオススメです。

集中力のピークをつくる

そして、**導入に際しての注意点は1日のゴールを決める場合には「締切の時間」まで決める**ということです。

以前、ある営業会社で1日の日商目標をやり切るため、夜中の12時までコンビニエンスストアに飛び込み営業をかけていたという武勇伝も聞きましたが、それはあまりに非効率です。

私が営業の管理職の時、残務を30分とし、締切を17時半に設定したことがあります。なので、お客様から早く結論を頂くことも必須になりますが、その待たない姿勢がお客様から見ると積極的に映り、同時に1人ひとりの仕事の質の向上にもつながりました。これも営業だけではなく、どの職域でも同じです。「なるべく早く」「なるべく急ぎで」といった曖昧なセリフが話される職場ほど、生産性は悪いものです。

もし職場にメリハリや積極性が足りないとすれば、それは個人の資質ではなく、1日の目標設定によるものだと考えてください。ぜひとも時間単位での締切を設けることをオススメします。

■集中力のピークをつくる「締切弛緩」の設定法

●時間対効果の視点

時間をかけても十分な成果を得られない
時間帯まで仕事をしない！

●ワークライフバランスの視点

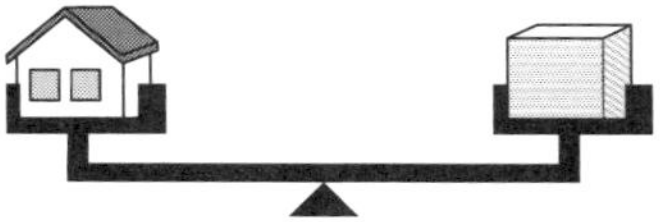

部下が家庭や学習と両立できる
時間帯までに押さえる！
（無茶は離職をまねく）

●残務処理の視点

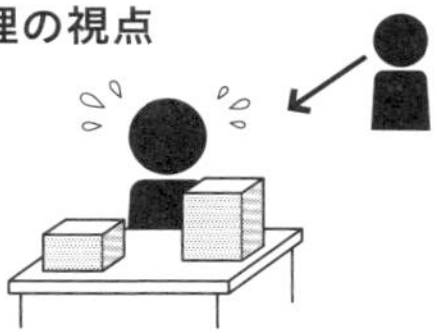

締切後、部下が残務処理にあてる
時間を見込んでおく！
（2時間の残務なら20時締切とすると
22時帰宅を強要することになる）

ポイント

■たとえ、会社の目標は月間単位であっても、あなたの職場には1日単位の目標を導入する。

■1日単位の目標を設定する際は、必ず「締切時間」を設定する。

PDCAを超える「無邪気な実験」サイクル

PDCAが、新しい挑戦にブレーキをかけることもある

我々は**新しいことに挑戦する時、必要以上に情報を集めてしまう傾向**にあります。きっと、それは上司や外野の「そのたしからしさは?」「なぜ、そうと言える?」との質問に対処するためではないでしょうか?

シリコンバレーの伝説的な投資家であるインテュイット社のスコット・クック氏は講演でこう語っていました。

「PDCAでは遅い。PDCAで考えていたなら、アマゾンがカスタマーレビューを導入する際、投資家として反対せざるを得なかっただろう。『素人の寸評』の価値がわからなかったしね。スピードを優先するなら〝無邪気な実験〟を行わないと」

そこで、彼が示したのが次のサイクル。

■ シリコンバレー流、リーンスタートアップサイクル

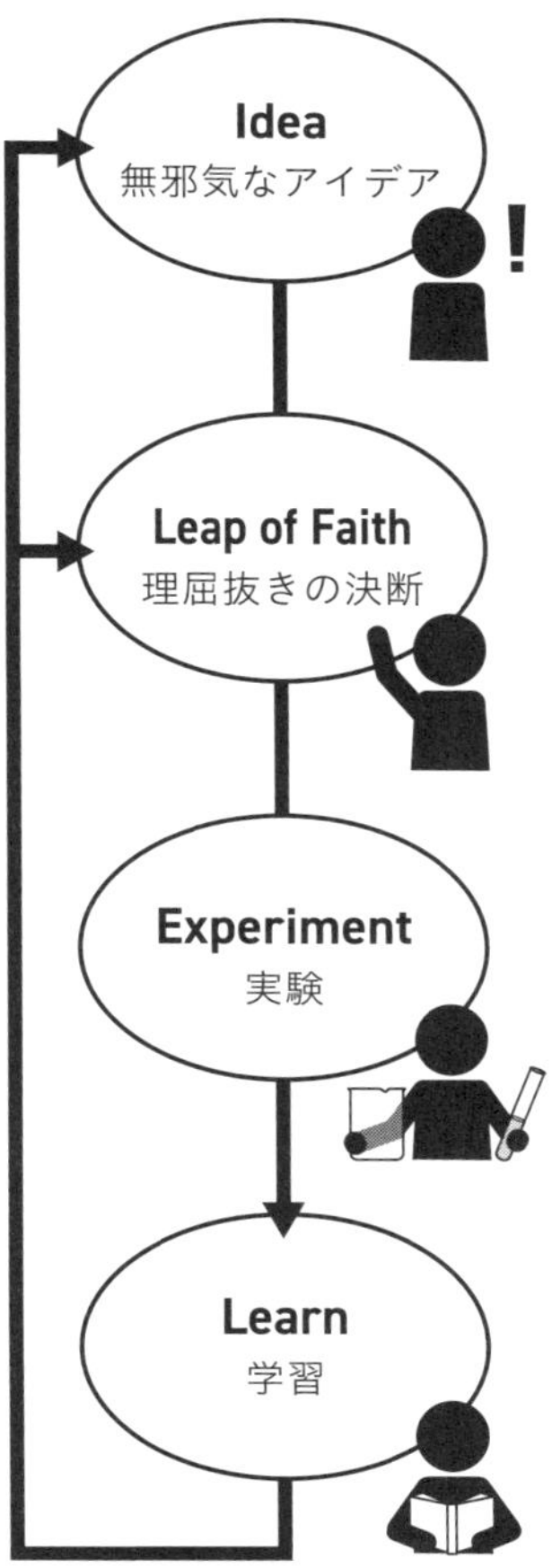

いかがでしょう。「まずは実験を」と考えると、今まであきらめざるを得なかった挑戦も実現が可能になるのではないでしょうか？

以前、低迷していた老舗の挙式場をあっという間に日本一に押し上げた、業界では風雲児と言われる営業責任者に取材したことがありました。彼は黒い部屋の挙式場をつくるなど、業界ではタブーとも言える挑戦を次々と行ってきた人です。その彼はこう語ります。

「マーケティングも大事でしょう。でも、データなんてないことがほとんど。それ以上に大事なことは〝これだ〟と思ったことを小さく実験してみて、そこから判断すればいいんです」

新たな挑戦をする時、調査に時間をかけすぎないことです。**アイデアを集め、さっさと実験する**ことが得策です。この「無邪気な実験」サイクルをあなたのマネジメント手法に取り入れるだけで、イノベーションのスピードが一気に高まることでしょう。

データを「つくる」という発想

今、振り返ると、前職で勤めていた会社は「無邪気な実験」がDNAに組み込まれた、そんな会社でした。創設したばかりの関連会社の責任者になった際、天才的なリーダーと出会いました。彼は卵でも産むかのように事業やサービスを生み出すスゴ腕の人でした。そこで薫陶《くんとう》を受けたわけですが、いつも指摘されたことがまさにPDCAから「無邪気な実験」への発想の転換だったのです。

「なぜ、大きく行こうとする。小さく実験するのがセオリーだぞ！」

「なぜ、今のやり方に満足する？　もっと実験しなきゃ」

「焦る必要はない。これは実験なんだから」


当時は関連のベンチャー企業が100社以上あったのですが、**責任者として未熟だった私が、もちろん部下のおかげでですが、最速で黒字を出すことができました。**

これは、「無邪気な実験」がもたらした成果でした。

だからこそ確信します。リーダーは、現状や既存のデータに頼らずに、さっさと実験して、むしろ「たしかさを示すデータ」をつくることに重点を置いたほうが早く成果が出せるということを。

新しい挑戦をする時、データは「探す」ものでも「検証」するものでもありません。

実験で正々堂々とデータをつくれば、全てのことが早く進みます。

ポイント

- PDCAだと、説明や準備に時間がかかってしまう。さっさと実験を。
- データは「探す」ものではなく、「つくる」ものと考える。

業務太りをなくす、「ダイエット思考法」

情報発信することのムダに気づく

「仕事が増える一方で、部下が疲れている。売上は増えていないのに……」

こんな声は少なくありません。その根本的な原因は何でしょうか？

私は「**お金にならないムダな情報**」**が職場に増えたこと**が、根本的な原因だと考えます。


総務省が発行する情報通信白書（令和6年）によると、インターネット上を流通するブロードバンド契約者の推計情報量（トラヒック）は、２０１３年から２０２３年の10年間で、20倍弱に急増していると言います。一方で、我々が生み出す財の合計である

GDPは、この30年間、ほぼプラトー状態（停滞の状態）です（左図）。

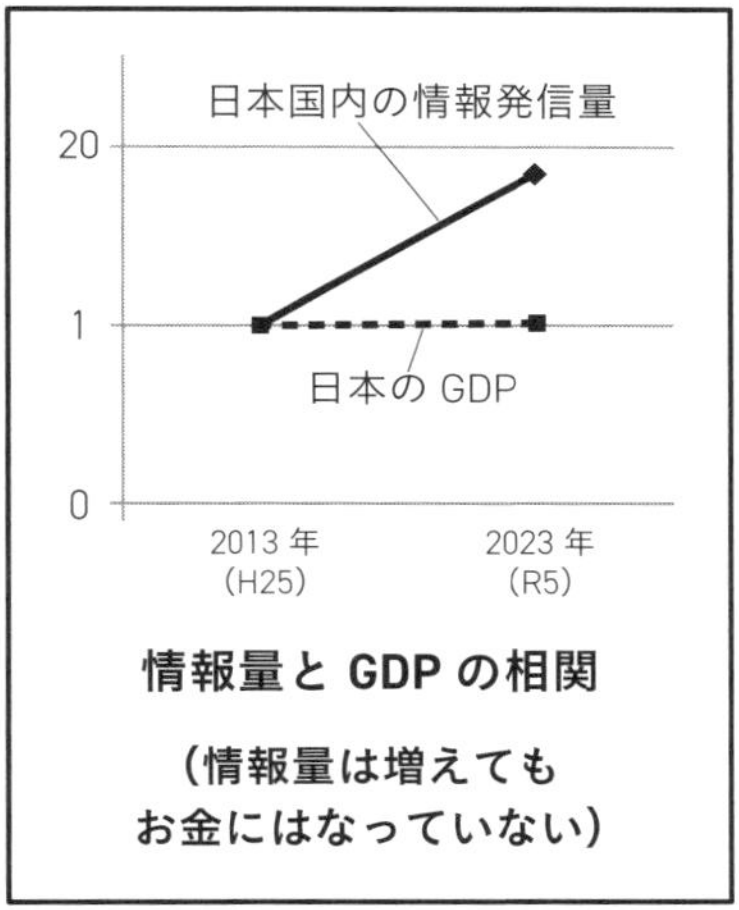

・2013年を1とした時の倍率

・総務省情報通信白書（R6）から情報発信量の数値を引用

つまり、**発信する情報量と収益は相関しない**とも言えるのではないでしょうか？

となると、職場も疑ってみる必要がありそうです。PCの前に座ってカタカタと忙しい部下がいれば要注意。無意識に周囲の仕事を増やしている可能性があります。

メールを配信すれば、その先には業務が生まれ、分厚い資料をつくれば会議の時間が長くなります。**情報を拡散させると必ずその先の業務が雪だるま式に増える**のです。

さて、リーダーがすべきこと、それは、まず**ムダなメールと分厚い資料をつくることをやめさせること**です。この2つをやめさせるだけで業務が雪だるま式に増えていくことはなくなります。

こんな便利な時代だからこそ、「やめさせる」こともリーダーの大きな役割になっています。

やることを「一つ」増やすなら、何か「一つ」を捨てる

もう1つ、上司として心がけておくべきことがあります。**部下の業務を増やす時は、今行っている業務を捨てる**ということです。ゆえに、部下に指示を出す時は、こうなります。

「○○をやってみないか？　△△はやらなくてもいいからさ」

一例を紹介しますと、

「19時までには仕事を終えて帰ってほしい。夕方の会議をなくすので」

「レポートを提出してほしい。その期間での出張はしなくてもいいので」

といったように、部下の業務を知るあなただからこそ、適切に「捨てる」ことの設計ができるはずです。


まずは、新しい「1つ」を増やす時は、それまでの古い「1つ」をやめるというセオリーを意識することからはじめてください。

それだけでも、あなたの部下は、業務が増え続けるアリ地獄から解放されることでしょう。

ポイント

- 周囲の仕事を増やすムダなメール、分厚い資料作成をやめさせる。
- あなたが部下に新たな指示をする時は、何か一つのことをやめさせる。

帰りにくいムードを断ち切る、「退社時間宣言」

出勤と同時に退社時間を宣言する

会社によっては「先輩や上司が残っているので、先に帰りにくい」という声もあります。

そのジレンマを払拭する簡単な方法があります。**1人ひとりの「退社予告時間」をオフィスに掲げる**という方法です。やり方は極めてシンプルです。

退社時間を掲示する方法

用意するものは、ホワイトボードだけ

・朝に「今日の退社予告時間」を各人がホワイトボードに記入する

・達成できたら○、達成できなければ×を書く
・週ごとに個人の○×を集計して、発表する

「これだけで？」と思われるかもしれませんが、これだけでも帰りやすくなります。

そして大事なことは**週ごとに結果を振り返る**こと。ここで、宣言時間内に帰ったことがきちんと評価されることを知ると、早く帰ることに対する抵抗がなくなります。これも、第2章でお伝えした「カタチで見せる」マネジメントの1つです。結構、楽しくできるものです。ぜひ、トライしてみてはいかがでしょうか？

それでも、早く帰れない人にはコーチングを

それでも宣言した時間に終われない部下もいることでしょう。叱ったり注意をする必要もありません。コーチングを行って頂きたいのです。

私がオススメする、コーチングメソッドであるGROWモデルを紹介します。現状をきちんと診断し、効果的な対策を考える方法です。

■ コーチングのGROWモデル

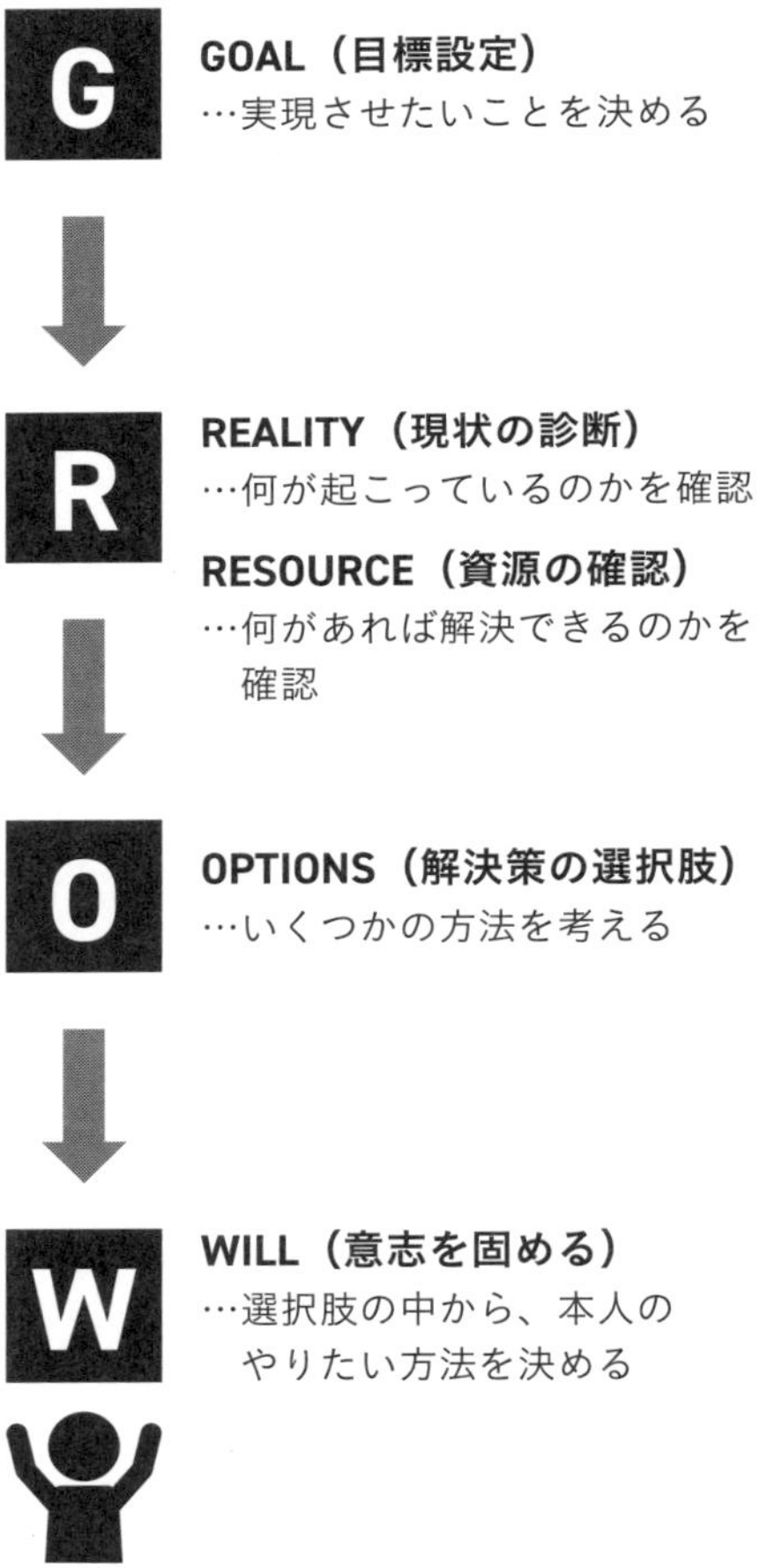
G
GOAL（目標設定）
…実現させたいことを決める
R
REALITY（現状の診断）
…何が起こっているのかを確認
RESOURCE（資源の確認）
…何があれば解決できるのかを確認
O
OPTIONS（解決策の選択肢）
…いくつかの方法を考える
W
WILL（意志を固める）
…選択肢の中から、本人のやりたい方法を決める

例をあげてみましょう。なかなか残業を削減できない部下がいることを想像してみてください。その部下を別室に呼ぶところからはじまります。

「目指す状態を教えてもらっていいかな」（19時までには仕事を終えたいです）

「何が起こっているのか教えてもらっていい？」（はい、仕事が多すぎて……）
「具体的には？」（クライアントからの発注が増えてきたので事務処理が増え……）
「何があれば解決できそう？」（人を増やして頂くしかないかなと考えています）
「では、解決策をいくつか考えてみて、そこから選んでみようよ」
（部下の案→人を増やす、一部の業務を誰かに任せる、個人ごとの担当をチームでの担当に変更、業務のムダを再確認してみる、担当クライアントを減らして頂く）
「君がやってみたい選択肢はある？」（はい、まずは業務のムダを再確認してみます）
「それで本当に大丈夫かな」（はい、まずはそこからやるべきだと感じます）
「では、それで行こう」

ポイントは**本人の意志に基づいて導く**こと。ぜひ、残業を減らせない部下がいた時は「GROW」モデルでコーチングをしてみてはいかがでしょうか？

ポイント

- ホワイトボードに退社予告時間を記入することで、遠慮はなくなる。
- 退社予告をクリアできない部下には、GROWモデルでコーチングを実施。

意図的な「サボリ時間」が残業を減らす

チリも積もれば残業になる

「職場にゆとりは必要だ」と思われることでしょう。私も同感です。ゆとりを一切なくすと、息苦しくて仕方がありません。

自動車のハンドルに「あそび」があるのと同じです。自動車も「あそび」があるからこそ、まっすぐに走れるようになっています。

しかし一方で、「ゆとりの時間」とは、言ってみれば「サボリ」です。「許される範囲でのサボリ」だとも考えられます。

たとえば、コーヒー休憩で席を外すなどです。もちろん、悪いことではありません。

問題は時間に対する感覚に個人差があること。1日に15分の人もいれば、合計すると1時間程度にわたり、**無自覚なままに席を外している人も少なくありません。この場合、職場における時間感覚を研ぎ澄ます必要**があります。

参考になる事例があります。「グーグル社の20%ルール」をご存じでしょうか？

本業以外の研究に、業務時間の20%をあててもいいというルールです。ここからGメールやアドセンスなどの画期的にサービスが生まれたと言われています。

我々が、この制度で参考にしたいポイントは、彼らの意図とは異なるかもしれませんが、**「前向きなメッセージでありながら、しっかりと自由時間の範囲が定められている」という点**です。

20%と数値でガイドラインを定めることで、一見すると自由なようにも見えますが、見方によっては20%しかゆとりは許されないということなのです。

もし、あなたのチーム内で、コーヒー休憩などの「ゆとり」を大切にしたいのなら、「ゆとり時間」の上限を数値で設定し、〝前向きな許容範囲〟を示しておくのはいかがでしょう?

「コーヒー休憩についての考えを伝えておきたい。ゆとりは必要だと感じている。ただしメリハリは必要。お昼休憩とは別に1日30分の自由時間をつくりたいと思います」

こんな具合に切り出し、その上で、合意をとってみてください。反対意見も出るでしょうが、コツは**このことだけを議題にせずに、他の対策案を示した上で、数ある打ち手の一つとすること**です。そうでないと、論点の本質がずれてしまい、余計な時間を費やしてしまうことにもなりかねません。

重要なことは、メリハリをつけることです。10分でも50分でもかまいません。合意できる数値を示すことで部下がOKとNGゾーンを判断しやすくすることが目的です。

「ちっぽけなこと」にこだわる姿勢がリーダーの激しいメッセージとなる

でも、時間を決められることに抵抗感を持つ人は多いでしょう。できるできないの問題ではなく、「ちっぽけなこと」ですからそうなります。

それに加え、「習慣」を変えることだからなおさらです。たった20〜30分のことですが、時短を行う上では「習慣を変える痛み」が伴います。**時短には「習慣を変える痛み」が伴うということを理解してもらいましょう。**

実際、トヨタのノウハウを提供するＯＪＴソリューション社は、「今、その資材を移動させるのに何歩あるきましたか？　なぜ、機械の配置転換をして０歩にしないのですか？」

といった質問をすると言います。

「そのくらい」のことを、「そのくらい」ですまさない姿勢が激しいメッセージとなり、卓越したモデルをつくるのだと考えておきたいものです。

ポイント

■「前向きなサボリ」時間のガイドラインを数値で示す。

■「ちっぽけなこと」にもこだわるから、部下も真剣になって考える。

第4章

部下のやる気が向上する「目標設定」

「勝てば官軍」では、部下がすり切れる

「義務」しか語らないリーダーの罪

しばしば、リーダーのこんな悩みを聞きます。

「設定された目標が高く、部下が疲弊しているのです」

目標の達成が厳しい時ほど、やり方を変えるなどの様々な挑戦で一丸となれるチャンスなのですが、そうなっていないのが現実です。その理由は、気がつけば**「義務（目標）を達成させるため」だけに仕事をしてしまっているから**です。

本来、その義務をやることに対して、部下をワクワクさせねばなりません。とはいえ、できているリーダーは、20人に1人くらいでほんの一部です。

1つ例を紹介しましょう。業界日本一の有名企業です。その会社で最も優秀と評される上司と部下の会話です。名前を出せないことをご容赦ください。

「課長、来年は20％アップを目指しましょうよ」

「なんで？」

「最高のアップ率をたたき出してアッと言わせましょうよ」

「いいね。でも、それを成し遂げると誰が嬉しいの？」

「えっと……」

「目標数字は俺達のプロセスにすぎないんだよ」

彼が伝えたかったことは、**「何のために目標にチャレンジするのか」ということ。**

もちろん、第1章でお伝えした「リーダーが描く未来予想図」を実現させるためです（ちなみに、彼は15年後に社長になりました）。

そして、私がたくさんのリーダーと接してわかったことは、**義務のことしか言わないリーダーが、確実に部下を疲弊させている**ということです。いきいきとしていた新人が、数か月たつと表情に悲壮感すら漂わせていることも少なくありません。

でも、ほとんどのリーダーがそうですので、自分を責める必要はありません。私の研修を受ける前は、ほぼ全員がその状態ですが、3回のコーチングを重ねると、その9割の職場において状況は一変します。

要は、意識すればできるということです。一変した例をいくつか紹介しましょう。

「数字」の先を語りはじめたリーダー達

ある地域密着の広告に携わる営業所長。当初は「業績もいいし、私の組織はうまくいっている」と自己評価していたのですが、2回目のコーチングで変化が起きました。「**勝てば官軍だと思っていましたが、それでは長続きしないということですね**」

3回目のコーチングで彼は「この地域には隠れたよさがある。日本人なら誰もが知る観光名所にしたい」ということを部下に語りはじめました。

彼が変わったきっかけは、私が彼に行ったコーチングの際に、「**お客様は、何に困っているのでしょう?**」「**そのお客様をどうしたいですか?**」と尋ねたことでした。

また、こんな営業課長もいました。最初は「部下の雇用を守るのが自分の使命」とおっしゃっていました。気持ちはわかりますが、それは義務です。

この時も2回目のコーチングで変化が起こりました。そして、3回目には「雇用を守るのはあたり前。やるべきことは、誰もがお客様の問題を解決するために一生努力したい会社にすること」とおっしゃるまでになりました。

彼を変えたきっかけは、コーチングの際に「**あたり前のことを声高《こわだか》に語ると、部下の心は離れますよ**」と助言したことです。

たしかに雇用を守ることはラクではありません。

でも、部下にとってはあたり前のことなのです。

同じことは他でも言えます。「1人ひとりが成長できる組織にしたい」であったり、「がんばった人が昇給できる組織にしたい」なども同じ。声高に言うことではありません。**部下はあなたの義務のその先にある話を待ち望んでいます。**

ポイント

- 「義務」はゴールではなくプロセスである。
- その先を語ることが、職場の起爆剤となる。

「目標を決める人」にだけ、やる気は宿る

目標を〝決められる〟と口にするリーダーの罪

目標は「決められる」ものでしょうか、それとも「決める」ものでしょうか？
前者は会社が決めた目標を振り分ける発想、後者は自分の意志で決める目標です。
実は、前者で発想する人が多いのが実情です。その職場の部下は「まだ目標が決められていない」という表現を使います。

これでは部下の主体性に火をつけるのは難しくなります。その理由は、**「目標を決める人にだけ、本当の主体性が宿る」というセオリーがある**からです。

極端ですが、ツアー旅行と自由旅行にたとえることができます。その旅行が面白く

ない時、前者はツアー会社の責任ととらえ、後者は自分の責任ととらえます。

ゆえに、後者はそうならないよう、情報収集から計画まで余念がありません。自分で決めることには自由と責任が伴います。だから主体的にならざるを得ないのです。

先日、私のクライアント先でとても素敵な話がありました。その会社の管理職に私が商況を尋ねると、こう返ってきたのです。

「ダメです。目標達成はギリギリになると思います」

その理由を尋ねると、

「今が勝負時だと思い、目標を高く申告したのです。前年比較では、全社でトップなのですけどね。やっちゃいました(笑)」

でも、気になるのは人事評価。評価に影響するのかを聞きました。

「評価の基準は達成率です。もちろんそれだけではないのですが、さすがにそれほど高い評価はつかないでしょうね。でも自分達が挑戦することの方が大事なんです。そんなことより、伊庭さん、提案力を上げるための研修をすぐにやってもらえませんか?」

この会社では、現場リーダー1人ひとりが事業計画を立て、その上で目標を自分で申告し、その合算を組織の目標と設定しています。社外から見るとハードに見えなくもないのですが、その実情を見ると部下のモチベーションは極めて高いのです。

部下にやる気が宿る「目標設定」の方法

では、現場でできる効果的な目標設定の方法を紹介します。ポイントは2つ。

現場でできる、効果的な目標設定のポイント

① 1人ひとりの自己申告制にする
「宣言効果」によって、目標へのコミットが高くなる
② 必ず一皮むける挑戦を仕立てる
適度な難易度がパフォーマンスを向上させる（理論でも証明されている）※

流れはこうなります。まず、1人ひとりと面談の機会を持ち、そこで部下が挑戦したいことを目標として一緒に考えます。

※：目標設定理論

ここで重視するべきことは、**必ず「一皮むける挑戦」を仕立てておくこと**です。その**適度な難易度が、本人にとって「やる気」の源**となります。

そして大事なことがあります。その後に職場内で1人ひとりが目標を宣言する機会を持つことです。同僚が全員集まり、1人ひとりの「宣言」に対して質問をします。納得すれば全員の拍手によって承認されます。なぜ、こんなお遊びのようなことをするのかと言うと、**宣言効果によって、さらにコミットを高める**ために他なりません。

「目標に本気になれ！」と怒鳴ったところで部下は本気にはならないでしょう。すぐれたリーダーは「心理効果」を有効に活用します。目標設定の機会はその意味で、極めて重要なステップとなるので、大切にいきたいところです。

ポイント

- 目標は〝決められる〟のではない。1人ひとりが〝決める〟ことで「やる気」は高まる。
- すぐれたリーダーは、「心理効果」を活用して部下を本気にさせる。

チームのやる気を高める鍵は、「未達成者の存在」

「あきらめ」を「悔しさ」に変えるマジックナンバーは70%

実際のところ、**全員が達成できてしまう目標では成功とは言えません。** この場合、設定した目標が低かったと考えます。1人ひとりのパフォーマンスを最高値まで引き出せていないと考えてよいでしょう。特に上位20%の人には、「**無意識の手抜き**」があったはずです。人は責任を果たすと、必要以上の努力をしなくなります。

私も失敗したことがあります。組織に勢いをつけるため、達成者を増やそうと全員が達成できるような目標を設定しました（それでも10～20%は未達成になります）。結果は、緊張感をゆるめただけでした。自信をつけるために達成者を増やすというセオリーはあるのですが、全員が達成できるような低い目標に設定したことは間違いでした。

では、目標設定に適切な基準はあるのでしょうか？

これは経験則ではありますが、**達成者は70％、その一方で未達成者は30％の割合が適正**です。達成者がメジャーで、未達成者はマイノリティ、この構図こそがメジャーになることへの意欲を高めることになるからです。

逆に**未達成者がメジャーで、達成者がマイナーとなると始末が悪くなります。**達成しなくてもいい風潮ができあがるからです。

先日、ある会社の営業課長が悩んでいたのがこの状態でした。

「ウチの会社は、あえて目標を高く設定するので、達成者は毎回10％くらいですね」

そこで、聞きました。達成できなかった人達が悔しがっているかどうかを。

「いや、彼らは達成をあきらめていますね。売上も上がっていないですしね」

こうなると目標の意味がありません。スポーツにたとえると、「勝利をあきらめている選手ばかりのチーム」といぅとんでもないチームになってしまっているわけです。それでは、厳しいビジネスの試合では勝ち残れません。

達成者と未達成者を区別する

さて、未達成者を悔しい思いにさせることが、やる気を高める重要な鍵であることをお伝えしました。**そのためにも厳しいようですが、達成者と未達成者を区別してください。オススメは、達成者に「プラスのえこひいき」をすることです。**具体的には、達成者を集めて「お祝いランチ会」をしたり、達成者の名前を掲示したりといったことです。この**小さな区別が「今度こそ」と思わせるものとなる**のです。

ただし、絶対に留意して頂きたいことがあります。**差別はしない**ことです。

区別と差別の違いは、区別は「コンディション（状況）」に対しての分類にすぎませんが、差別は「人」に対して「悪」「罪」のラベルをつけ、扱いを変える行いです。

未達成者に対し、罰を与えるような行いは差別だと考えてください。時おり、未達成者には「早出出勤」「休日出勤」をさせたり、時には「会社を掃除」など、罰ゲームに類する行いをさせる会社もあります。しかし、それをすると、とたんに職場への求心力は失われます。誰もが明日はわが身と考えるからです。

もっと言うと、罰には副作用もあることを知っておきたいところです。未達成になっても「休日出勤すれば許される」という甘えを生むことも忘れてはなりません。

ビジネスにおいて平等な扱いはあり得ません。あるのは公平な扱いだけです。貢献した人、貢献できなかった人をきちんと区別することもその1つです。

あなたの権限でできる範囲でかまいません。ぜひ、今以上に達成者と未達成者を公平に区別されてみてはいかがでしょうか？

部下の「今度こそ」の気持ちに火をつけるために。

ポイント

- 目標は低すぎても高すぎてもダメ。達成者70％、未達成者30％の割合が適正。
- 達成者と未達成者を区別して、未達成者に「今度こそ」と思わせる。

成果が上がらない部下には「やさしいオプション」を

「どうしようもない部下」とは

さて、あなたの職場にも成果がまったく上がらない、いわゆる〝どうしようもない部下〟はいませんか。その時、あなたはリーダーとしてどう判断しますか？

私が教育研修の事業に携わる中で確信したことは、**そうした部下の能力が飛躍的に高まることはないものの、彼らに成果をもたらすことは十分に可能**だということでした。

たとえば、あまりに活躍ができなかった人が、別の部門で花が咲き、今では部下を持つまでになっている例を見ました。さらに、あまりに協調性がないために問題社員のレッテルをはられて見限られていた人が、その会社で頼りにされるようになった例も見ました。

浮上のきっかけは、リーダーのお膳立てがあったことでした。つまり、リーダーのやり方次第ということです。その方法を紹介しましょう。

「オプション目標」で部下に火をつける

フィットネスジムのインストラクターが「ムリをしないでくださいね。きつい人にはオプションがありますので」としばしば言うことがあります。それと同じです。

この**オプションとは、その人の体力に応じて負荷を軽くすること**を言います。

そして、ビジネスにおいても、「どうしようもない部下」に対しては、オプションを設定することが効果的とされています。

幸いなことに、ビジネスの場合は**負荷を軽くする方法が2つあります。**

1つ目は、仕事のサイズを「**小さくする**」こと。

2つ目は、得意なことに「**絞る**」やり方です。

先ほど別部門で復活した彼へのオプションは、担当する顧客数を減らし、仕事のサイズを「小さく」したことが浮上のきっかけでした。
また、協調性のなかった問題社員だった彼へのオプションは、彼が得意とする業界に「絞って」顧客を担当させたことでした。このケースはユニークなので、もう少し解説しましょう。

彼の仕事は広告の営業です。そして彼の息抜きは、もっぱら夜のネオン街。自分を高めるための勉強なんてしません。次第にお客様や同僚からも愛想を尽かされはじめます。

その頃からでしょうか、なぜかヘアスタイルもオールバックに、服装は黒色のスーツと黒色のワイシャツに変わっていました。よくクビにならなかったなと思います。

それどころか、その時のリーダーは素晴らしいオプションを設定しました。彼の「強み」を活かすべく、ネオン街の広告をとってくる営業に役割を絞ったのです。
そうなると、彼の独壇場です。広告をとるだけではなく、豊富な事例を駆使してコンサルまではじめたのです。

そして、彼はそのネオン街で「先生」と呼ばれるまでになります。黒のスーツも効果的なアイテムになったのかもしれません。

その後も彼はその領域では誰もかなわない営業職として君臨し、なんと20年たった今もネオン街で愛され続けています。

さて、ここから我々が学べることは何でしょうか?

完璧な部下がそろうことなんて、まずあり得ません。〝どうしようもない部下〟もいることでしょう。

でもこの事例は、いかなる部下でもやり方次第で、能力を上げずともハイパフォーマーになれることを示唆しているのです。

ポイント

- 〝どうしようもない部下〟もオプションを設定すれば、成果を出すことは可能。
- オプションには2つの方法がある。「小さくする」ことと「絞る」こと。

未達成者に伝えるのは「失格」ではなく「期待」

測定できることを目標にする

みなさんは、間接部門スタッフの目標設定に悩むことはありませんか？

多くの場合、業務をミスなく遂行することを目標とするわけですが、「達成」「未達成」を示すことが難しく、大きなミスがなければ「達成」の評価を与え続けることになります。

そうなると、**間接部門のスタッフは、よほどの問題意識を持っていない限りは、新たな挑戦をしなくなります。**これは自然の心理作用です。

そこで、**内勤スタッフにも「測定できる目標」を設定する方法を教えます。**具体的には、〝がんばりを認める〟のではなく「結果」の仕上がりを目標として設定します。たとえば、売掛の滞留をなくすための業務に携わるスタッフの場合、滞留の改善率を目標として設定することになります。

この場合、いくら〝がんばった〟としても、滞留が改善していなければ未達成となるわけです。もちろん、目標を大きく改善している場合は高い評価で報いることが可能となります。

私の経験を紹介します。広告の入稿管理をするベテランの部下がいました。同じ業務を何年も担当すると、自分のやり方を変えることに抵抗を持ちはじめます。どこの職場でも問題となるベテランの副作用です。まずは、ここを改善したいと考えました。また、広告会社は締切が近づくにつれ、業務が膨らみます。そこで、目標を「半年後の平準化率（最大値と最小値の比率）」に設定したのです。

すると、彼女の動きに変化が見られました。彼女は他部署の成功例を探しはじめます。はじめての試みをしたりなど、彼女なりにはがんばった半年となりましたが、残念ながら数値は未達成。

ゆえに、評価も厳しくせざるを得ません。がんばったのに未達成の評価を受けた彼女は泣き崩れます。**そこからがリーダーとしての勝負**になります。

がんばってくれたスタッフに、未達成を言い渡すことの意味

がんばったスタッフに未達成と伝えるにはリーダーとして勇気がいります。達成にしておけばスタッフに泣かれることもありません。でも、評価を曖昧にするとそのメンバーの成長は止まります。だから、きちんと未達成を伝えねばならないのです。

そして、重要なことは、**未達成とは「失格」の意味ではなく、「期待」を意味する**ということです。

その泣いた彼女に話を戻します。「未達成の理由」を説明しなければなりません。まず、がんばったことをねぎらいます。その上で未達成と評価した（その評価に「なった」ではなく「した」と表現します）理由を説明します。残念ながら結果が伴わなかったことや、期待を込めて未達成にしたことを伝えます。

しばらく彼女のショック状態は続きます。次第に彼女から次々と質問が飛んできます。「がんばりを認めてくれていないのか？」「他のスタッフより難易度が高かった。

郵 便 は が き

恐れ入りますが
切手を貼って
お出しください

112 - 0005

東京都文京区水道 2-11-5

アスカ・エフ・プロダクツ

「個人出版」「企業出版」ご案内係行

ふりがな		年齢	歳
お名前		性別	男性 女性
ご住所	〒　　－　　　☎（　　－　　－　　） 都道府県　　市区町村		
メールアドレス			
職業	会社員　経営者　公務員　教育・研究者　学生　主婦 自営業　無職　その他（　　　　）		

明日香出版社グループ　～1972年創業～

有限会社アスカ・エフ・プロダクツ

〒112-0005　東京都文京区水道 2-11-5

TEL 03-5395-7660 ／ FAX 03-5395-7654

ホームページ

(2024.12)

不公平では?」など、不満とも確認とも言える質問です。

あえて、**説得はしません。この場面での説得は反発を生むだけです。質問に対して誠心誠意の気持ちで答えることで、自己解消の中で納得してもらいます。**

最終的には、こうなりました。

「そういうことかぁ……。ありがとうございます。次回、必ずやり切ります」

実際、彼女は次の半年で飛躍的な成長を遂げ、その次の半年は人材育成という極めて重要な目標を掲げることができました。

がんばってくれた部下に未達成を伝えるのは、しんどいものです。でも、そこを避けていてはリーダーの役割は務まりません。

未達成は「失格」ではなく、「期待」だということ。そして、そのプロセスが、部下にとってはまたとない成長の機会となるのです。

ポイント

- 内勤スタッフには、〝がんばる〟ことではなく、測定可能な結果を求める。
- 未達成を伝えることは「失格」を伝えるのではなく、「期待」を示すこと。

「おみこし効果」で手抜きを予防できる

職場は、手を抜けるようにできている

「社会的手抜き」という言葉を聞いたことはありませんか？

集団になると必ず手を抜く人が出るという法則です。

おみこしを想像してください。10人でおみこしを担いだ場合、2、3人はあまり力を入れていないという現象が起こっているはずです。それが職場でも必ず起こります。

リーダーであるあなたは、この**「社会的手抜き」の予防が不可決**となるのです。予防法がこれ。**4人程度の小単位のチームをつくること。**

1人が手を抜くとおみこしが傾く、その人数が4人前後ということなのです。もし、課が20人であれば、5つのチームをつくるイメージです。

この手法は多くの企業で導入されていますので、今さらと思われるかもしれません。ただ、新たにご提案したい手法には、**チームごとに競わせる**企てが含まれています。その手順は次の通りです。一見すると営業や販売組織向けの対策に思われるかもしれませんが、間接部門でもアレンジできるセオリーです。

効果的な「おみこし効果」を得るオプション

①チームごとに目標を設定する（売上、残業削減、改善提案数、など）
②チーム対抗戦を仕立てる（職場内でキャンペーンのチームをつくる、など）
③上位のチームを表彰する（職場内でできる、ささやかなものでもOK）

このオプションを加えることで「社会的手抜き」の予防ができると同時に、**チームとしての一体感を得ることができる、そんな一石二鳥の仕掛け**となるのです。

さらにまだ最後の仕上げがあります。次に効果的な個人目標の設定の仕方をご紹介します。

目標の達成に「保険」をかけるという考え方

万一の際に備え、チームの目標に「保険」をかけるという考え方があります。チームメンバーの**個人目標を上乗せする方法**です。メンバーの個人目標を合算すると、チームの目標よりも大きくなります。たとえば、売上、残業時間、提案数など競う指標を決めたらチームの目標だけではなく個人目標も設定し、その時、少しだけ多めの目標を設定するのです。

実は、この差が保険となり、極論ですが、**仮に全員が未達成だったとしてもチームの目標は達成できる状態**にすることができるのです（左図）。もちろん、これは手抜き予防にもなります。そして、保険のかけ方には留意点があります。次の2点です。

①保険の幅は、個人目標の合算値をチーム目標の20％以内にとどめる
②上乗せした目標で個人を査定しない（チーム内の運用にとどめる）

20％を超えると達成すら厳しい状況となり、目標が意味をなさない可能性もありま

すし、また個人の査定が必要以上に厳しいものとなってしまう可能性もあるからです。

細かいことですが、推進のボトルネックになるかもしれません。

まとめます。ぜひ、相乗効果も得られる一石二鳥の〝おみこし効果〟を狙ってみてください。きっと、みなさんにとっても、あなたの部下にとっても目標を達成し続けられる味方となることでしょう。

■チーム目標を達成させるための「保険」

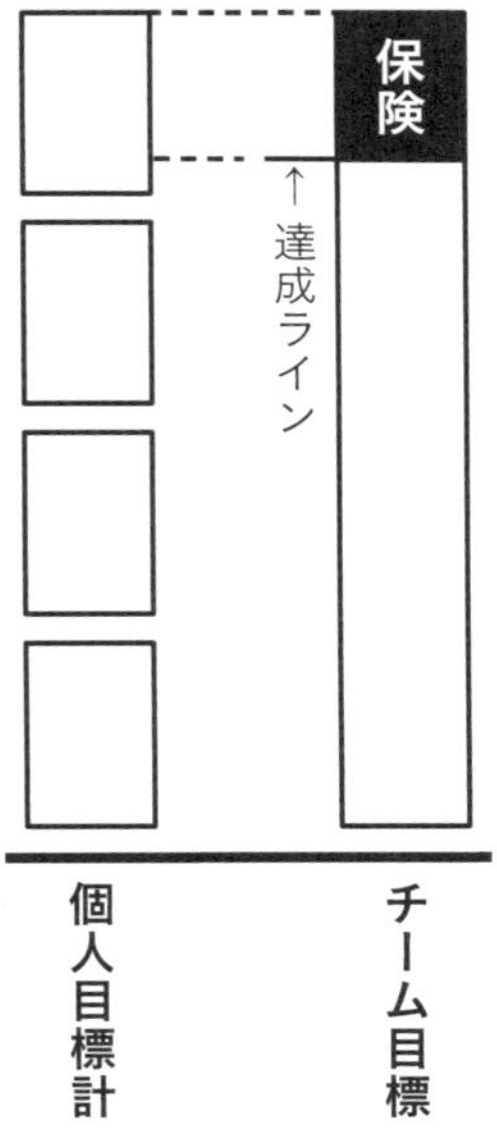

ポイント

- ■「おみこし効果」で社会的手抜きを予防する。まずは4人単位の対抗戦を。
- ■目標達成には保険をかけておく。

「正しい負け方」を部下に教える

「締切の1秒前」まであきらめない姿勢

思い返すと、前職は土壇場に強い会社でした。

野球にたとえると、9回の裏2アウト、点数は3点差で負けており、ランナーはいない状況。でも、そこからの逆転を信じて疑わない会社でした。

実際に、部下全員が時計とにらめっこをしながら最後の1秒まで追いかける。たとえ自分の目標達成は厳しくとも、チームのため、部のために1人ひとりが追いかける。

それが、あの会社の強みのようにも思ったものです。ここからの逆転劇も数多くあったのですが、実際のところは逆転できずに悔しい思いもありました。

だからこそ、リーダーは負け方を知っておくことも必要です。

いわゆる、「正しい負け方」です。

そして、**「正しい負け方」とは、次につながる負け方である**ということです。

たとえば、間接部門のスタッフが自分の業務外にもかかわらず自分が営業に変わってチラシをまきに行き、今まで以上の一体感が生まれることもありました。

つまり、「正しい負け方」とは、次につながるナイスファイトがあったどうかが重要という見方です。

私が営業の責任者をしていた時、チームで20億の目標を追いかけていたことがありました。その時、最後の最後まで全員で追いかけたのですが、90万円で外してしまった経験があります。今も忘れることができません。

その日の夜、上司が「ソバでも食《く》いにいこうや」と外に誘い出してくれました。20分ほどの時間でしたが、ひと通りの状況を伝えた後、別れ際に言ってくれたセリフが、今でも忘れられません。

「OK。次は大丈夫だ」

たしかに、それを機会にチームは強くなりました。正しく負けた時にチームは強くなる、そう感じた経験でした。

これには補足が必要です。行動と結果にタイムラグがある事業は、その特性上、最後まで追いかけにくい面もあります。その時は、**「いつまで」にどんな万策を講ずるのかを決めてください。**そこがポイントになります。

最悪の負け方も知っておく

では、**「悪い負け方」とは、どんな負け方なのでしょう。最悪の負け方は「緊張感を失う」ことです。**9回裏2アウトで2点差。もう、負けが見えたから、ちょっと左打席に立ってみようかな、というプロはいません。最後まで緊張感を保つのがプロフェッショナルです。

しかし、目標の達成がどう考えても厳しい状況もあることでしょう。たとえるなら

9回の裏2アウト、点差は10点。いかに緊張感を最後まで保つかが重要になります。それでも**目標の達成が厳しくなった時は、「こだわるもの」を決めること**です。「売上目標の達成は厳しいけど、新規契約数にこだわる」「100%の達成は厳しいけど、90%台にはこだわる」といったことです。そうすることで、正しい負け方になります。

さて、ここでは、最後の1秒まで追いかける体験を部下にさせることの大切さを紹介しました。その体験が糧となり、部下は簡単にはあきらめない大切さを学ぶことでしょう。ぜひ、あなたのチームにも最後の1秒にこだわるマネジメントをしてみてください。必ず、チームに感動が生まれることになります。

ポイント

- 目標が未達成になることもある。その時は、最後まで緊張感を保つことが重要。
- 達成が厳しい時には「こだわること」を決める。

第5章

どんな状況でも必ず「達成する仕組み」

初日に「達成日」を宣言すれば必ず達成できる

チームに「逆算思考」を根づかせる

どこの会社でも、高い業績を出せる人には、2種類の人が混在しているはずです。

A：たまたま、そのタイミングで好業績を出せた人

B：どんな時でも常に好業績を出している人

我々リーダーは、この違いを押さえておく必要があります。実は彼らには「計画の立て方」に大きな違いがあることがわかります。

営業や販売など数字を追いかける部門でイメージするとわかりやすいでしょう。

前者（A）は積み上げ方式。今、がんばるだけがんばって、気がつけばゴールにた

どり着いたというやり方です。後者（B）は**逆算方式。**あらかじめ、達成予定日を決めた上で「日々の計画」に落とし込むやり方です。

あなたが目指すのはもちろん常勝のチームですので、逆算方式で計画を立てなければなりません。この時、スタートラインに立つタイミングからやって頂きたいことがあります。**はじめから、「達成予定日」を決め、宣言して頂きたい**のです。

解説しましょう。まず、先に図の「解説1～3」と「グラフ」をご覧ください。

■ いつも達成し続ける人の逆算思考

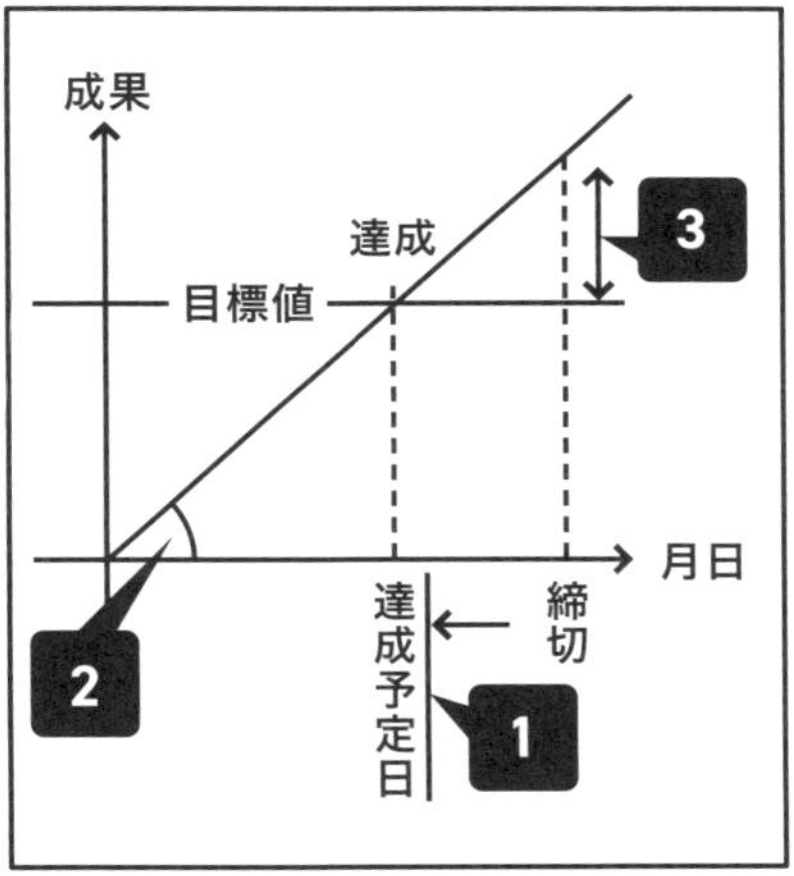

1 余裕を残して達成予定日を決める

2 達成予定日から逆算をし、1日の「やりきり目標」を設定

3 計画通りに達成すれば、高い達成率で終えることができる

このように、まず会社で定められた締切よりも余裕を持って「達成予定日」を設定します。目安は1～2割の余裕です。その余裕がリスクを吸収してくれます。

その次に日々の計画に落とし込みます。たとえば1日の売上（日商）、商談目標、また間接部門なら日々の到達点を決めることになります。これが「手遅れ」の予防となります。

部下にも「逆算思考」をインストールする

そして大事なのが、1人ひとりの部下が逆算思考で動くことです。ぜひ、部下の1か月先の予定を聞いてみてください。

1か月先の予定がある程度埋まっている部下であれば逆算思考ができています。逆算思考の人は先を見越して動くため、1か月先に重要な用事を設定しているからです。もし、答えられないなら、指導する必要があります。

ぜひ、**先々（1カ月、2カ月先など）の予定を埋める習慣を持たせてみてください。**これだけで自然と逆算思考になります。言ってみれば、これこそが「逆算思考のツボ」なのです。

この練習を通じて、彼らの「また、その頃になったら電話します」「1か月後あたりで打ち合わせをしましょう」という積み上げ思考の習慣は払拭され、「では、来月の3日の午前はいかがですか。……では10時にお時間を頂いてよろしいですか」といった逆算思考の習慣を手に入れることとなります。

結論です。**いかなる状況でも目標を達成するためには、チーム全体を逆算思考で動かすことが鍵**となります。そのためにも「達成予定日」を宣言し、「日々のやり切り目標」に落とし込んでください。逆算で考えることは、いかなる職務でも必要でしょう。確実に、動きがシャープになります。

ポイント

- まず、はじめに「達成予定日」を宣言すると達成できるようになっている。
- 部下にも、「逆算思考」の習慣を身につけさせる。

「破天荒な覚悟」が常勝のチームをつくる

誰もができる「破天荒」の見せ方

私は非常識な人は嫌いですし、精神論も嫌いです。しかし、**部下を熱くする方法として、「破天荒な覚悟」を見せることはとても大事なこと**だと考えています。

たとえば、ソフトバンクの孫正義さんが、20代の創業時に小さな事務所で「豆腐を1丁、2丁と数えるように、わが社も年商を1兆、2兆と数える会社にします」と公言していたことは有名です。かつての都知事選での候補者も、「東京から経済強国に生まれ変わる」などのスローガンを掲げていました。

なぜ、彼らはわざわざ公言するのでしょうか？　名リーダーと言われる人は、「破天荒な覚悟」を見せることが周囲を熱くすると知っているからです。

もちろん、管理職にも同じ法則は働いています。あるショップの店長は、「来月はクリンリネス（清潔さ）で全国1位をとる」と言っていましたし、あるIT部門の課長は「今年、この職場から社内コンテスト（イノベーティブな取り組み）で入賞者を出す」とも言っていました。

私は**部下が冷めている時ほど「破天荒な覚悟」を示すこと**の効果を感じています。とはいえ、実は手軽にできる破天荒があります。リスクのない、それでいてとても効果のある〝賢い方法〟をご紹介したいと思います。

それは、「**スタート時に、祝勝会の日時を決め、準備に入る**」こと。

祝勝会と言っても、今の時代、わざわざ居酒屋で宴会をしなくてもいいのです。会議室で30分程度、「ジュースで乾杯」でも十分。

これでも十分に破天荒です。まったく結果がわからない状態にもかかわらず祝勝会の日程を決める人なんてまずいません。部下はとまどうはずです。でも、大丈夫。徐々に部下はワクワクしはじめることでしょう。

最初はリスクのない、このくらいの破天荒な覚悟から、トライしてみてはいかがでしょうか？

「破天荒」に部下を酔わせる

次に部下を「破天荒な覚悟」に巻き込む必要があります。オススメの2つのステップがあります。**一つは「破天荒の実行委員」を決めること、もう一つは「破天荒を見せ続ける」こと**です。

実行委員とは、当日の祝勝会に向けてのコンテンツ立案などを中心になって進める役割の人です。文化祭の実行委員と同じだと思ってください。

2つ目の「見せ続ける」というのは、委員がつくってくれたポスターを職場に掲示することであったり、リーダーが朝礼などで「では、我々の祝勝会の準備をムダにしないように今日もがんばりましょう」とあえて言い続けたりすることです。

ここまでやると部下は「**後には引けない**」**気持ち**になります。

私の経験を紹介しましょう。前職で私の上司であった事業責任者が、ある目標を達成した暁には、全員をハワイに連れて行くと公言しました。協力会社を含めて人数は1000人。その1000人が関西国際空港からハワイに行く、これは破天荒です。

さすがに社内は大いに沸きました。目標はとてつもなく高かったのですが、部下は酔いました。そして、最後は滑り込むように目標を達成した我々は、ワイキキのホテルプリンセスカイウラニをほとんど貸し切るという破天荒な祝勝イベントを体験することになったのです。そして、あれから10年以上がたち、それを経験した若者はリーダーとなりました。今も彼らと話をすると「あの時の高揚感」を基準に自分のチームがワクワクできているかを評価していると言います。どうも、**二日酔いどころか、10年たっても酔いが残っている**ようです。

さて、まとめましょう。これはハワイに行こうという話ではありません。現場リーダーとしてできる範囲の「破天荒な覚悟」でいいのです。

リーダーが「破天荒な覚悟」を示し、そして部下を酔わせ、後に引けない状態を仕立てる。それができれば、部下は達成に向けて熱くなるはずです。

ポイント

- 職場が冷めている時、リーダーは「破天荒な覚悟」を見せるべきと考える。
- 部下を「破天荒な覚悟」で酔わせられると、奇跡のドラマが生まれる。

いい「ＫＰＩ」を設定すれば、黙っていても達成する

できるリーダーは「機会ロス」に注目する

あなたの仕事をゲームにたとえると、そのゲームに勝つ鍵は何でしょうか？

この勝利の鍵をビジネスではＫＳＦ（成功の鍵：Key Success Factor）と言います。

また、「ＫＰＩ地獄」という現象をご存じでしょうか（アルファベットばかりで恐縮です）。

ＫＰＩとは「重要業績評価指標：Key Performance Indicators」と呼ばれる指標のことで、目標達成に直結する要素を管理するための指標です。商談数、受注率などの「行動プロセスのＫＰＩ」、スキルや資格の習得率といった「組織能力のＫＰＩ」など、事業には様々なＫＰＩがあります。


つまり、**ＫＳＦが絞り込まれていないと、いくつもの不要なＫＰＩが同時進行で**

走ってしまい、求めている成果以上に不毛な疲弊感を生んでしまいます。

私は、この状態を「ＫＰＩ地獄」と指摘しています。

まず現場を見るリーダーは、「行動プロセス」に絞って、キレのあるＫＰＩを設定することからはじめるといいでしょう。

そして今、弊社への管理職研修のテーマで急増しているテーマの１つが、「ＫＳＦ」の見立てとキレのある「ＫＰＩ」を設定するチカラを養う研修です。これができれば、大声を出さなくともチームは最小の労力で、目標を達成できるようになります。

では、その設定のコツを紹介しましょう。それがこれ。

ＫＳＦ（成功の鍵）の見つけ方

ボーリングでいうところのセンターピン。このピンを倒せばストライクがとれる。これさえ解決すれば、一網打尽にうまくいくという要素

「キレ」のあるＫＰＩの仕立て方

ＫＳＦを満たす「しかるべき行動」「しかるべき状態」を数値化する

たとえば営業部門であれば〝何らか〟の理由で取引に至らない要因をつぶすことがＫＳＦになることもありますし、間接部門であれば１人あたりの生産性を30％向上することがＫＳＦかもしれません。

優秀なリーダーは常にセンターピンを考えながらチャンスを探します。彼らが「筋がいい」と言われる理由は頭の良し悪しではなく、見ている視点が違うだけなのです。

■優秀なリーダーが「事実」にこだわる理由

いよいよＫＰＩの設定です。ＫＰＩは部下を管理するためのものではありません。成果に直結しない「ムダな作業」をなくすためのものです。

たとえば、営業で考えてみましょう。部下を管理しようとするリーダーは訪問数などの「行動の量」に注目します。しかし、優秀なリーダーは、訪問からの契約率を上げるなどの「効率」に注目することもあります。たとえば「失注の要因（機会ロス）」を確認し、**「この対策を徹底してほしい。〝それだけをすれば〟契約数は倍になる」**と指示を出します。その行動を徹底すれば、設定したＫＰＩ（率）は達成され、ＫＳＦを満たすことでもあり自動的に目標を達成するようになります。

では、なぜ優秀な彼らは、「それだけをすれば」と言い切れるのでしょうか？　勘や度胸ではありません。つまりこういうことです。**ネットの情報や部下からの報告といった間接情報だけではなく、自分で目と耳でたしかめた上で「チャンス」を発見し、KPIを設定するから**です。

伝言ゲームを思い出してください。伝わってきた内容のほとんどはねじ曲がっていませんか？　つまり情報は、思い込みの中で「省略」されていたり「歪曲」されていたりするのです。まずリーダーは、何よりも自分の目と耳で「機会ロスの要因」を確認しておきましょう。「行動の量」だけではなく、「効率」をＫＰＩに加えることで部下の「ムダな行動」をなくすことができます。

それこそが、黙っていても達成できる組織マネジメントの土台になります。

ポイント

- 優秀なリーダーは「機会ロス」の中にKSFを見出す。
- そして、部下からの報告だけではなく、「事実」の裏をとる。

あらかじめ「一発逆転」の仕込みをしておく

逆転の選択肢をたくさん持つ

『ニュー・シネマ・パラダイス』という好きな映画があります。イタリアの古い名作なのですが、日常の光景が淡々と描写され続け、盛り上がりもないままに時間がすぎていきます。あまりの退屈さに見るのをやめようかと思った終盤、最後にドンッときます。涙が止まらない感動が。どうやら、多くのヨーロッパ映画には、最後に「一発逆転」が仕込まれているようです。

実は、私が営業の責任者をしていた時、このままでは達成が厳しいと思われる状況に何度も直面しました。

ただ、もし他のリーダーと違いがあったとするなら、ここから逆転の勝率でしょう。**逆転は「気合に任せる」ものではなく、「企てる」もの。**つまり、この映画のごとく最初から逆転のシナリオを描いていただけのことです。

みなさんの万一の事態に備えるためにも、そのコツをご紹介します。

大丈夫だと思っても、スタート時に「逆転の選択肢」の準備だけはしておくこと。

病気と同じで、初期であればあるほど治療の選択肢は広がります。ビジネスも同じ。

選択肢が多いほど、逆転の成功確率は高くなります。

ある会社にK君という優秀なマネジャーがいます。この会社は1年を4つの四半期（クォーター）に分け、クォーターごとに目標を掲げるのですが、彼は入社から11年、つまり44クォーターにわたって一度たりとも目標を外していないのです。これはその会社の50年の歴史、数十万人の中でも数えるほどだと言われています。

その彼も逆転を考えている人でした。「こんな商品を準備できませんか」「アウトソース活用の実験をしてもいいですか」など、上司や担当部署に相談を持ちかけます。**優秀な人が、期末よりも期初が忙しくなるのはこのため**です。たとえ、大丈夫だと思っても念には念を入れて準備をしておくのです。

もちろん、1人では「逆転案」が思い浮かばないこともあるでしょう。そんな時こそ、上司に相談をしてみることをオススメします。上司の持つ情報量はあなたが思っているより多いものです。優秀な人はこう考えています。

「上司に〝仕える〟だけではなく、上司を〝使う〟ことも必要だ」と。

手を染めてはいけないタブーがある

そして、**手を染めてはいけない逆転もあります。それが「帳尻合わせ」**です。これには「架空計上」「業者泣かせ」「自己消費」の3つがあります。

「架空計上」とは、まだ契約書をもらっていないのに計上したり、コストを高く見積もり利益を出すなどをする方法。

「業者泣かせ」とは、出入り業者にムリを言う方法。

「自己消費」は、営業や販売であることなのですが、従業員が商品を買う方法。

もし、これらの1つでもリーダーが黙認していたとしたら何が起こるでしょうか？従業員のモラルが決壊し、組織を維持できなくなります。ゆえに、健全な会社では懲戒を受けます。「えっ、そんなおおげさな？」と思った方は気をつけてください。今はコンプライアンス（法令順守）の時代です。もし、憤りを感じている部下がこの事態をメールで社長に知らせたとしたらどうでしょう。社長が動かざるを得ない時代なのです。そうなると、**たった1本のメールであなたも、あなたの部下も懲戒**です。「みんな、やっていますよ」は絶対に通用しませんし、他の人は関係ありません。あなた自身の問題として処理されます。それがリーダーなのです。

まとめましょう。間違えても「帳尻合わせ」の目標達成を許してはいけません。そうならないためにも最初から一発逆転のシナリオを準備しておくことです。後は「発動」のボタンを押すだけの状態にしておきます。もし今、一発逆転のボタンがないようでしたら、今から逆転のボタンを用意をしておきましょう。

ポイント

- 「一発逆転」のボタンは、最初から仕込んでおく。
- 「帳尻合わせ」で乗り切ろうとしないこと。それが不幸の入り口となる。

チームに「勢い」をつけるリーダーのひとこと

「なりゆき任せ」にしない

勢いに乗ったチームほど強いものはありません。どのようにすれば、勢いに乗れるのでしょうか？

業績がよくなってきたから勢いが出てきた、といったような自然現象に任せるならリーダーは不要です。状況が苦しい時にこそ「勢い」をつくらねばなりません。

ハーバード大学の名誉教授であるジョン・P・コッター氏は、名著『ジョン・コッターの企業変革ノート』（日経BP）でも語っています。**「小さな成功体験」を見せることがチームの挑戦を加速させる**と。実は、私がご紹介するセオリーもこの法則と同じです。結果が出るまで待たずに、早いうちに成功の「兆し」を見せる方法です。

想像してみてください。大海原で遭難したとしましょう。何人かで救命ボートに乗っています。リーダーのあなたは「あっちの方角に漕ごう」とみんなを先導します。しかし、3日たっても1週間たっても、陸は現れません。見えるのは、海と空。きっと、部下は思うでしょう。「本当にこのままでいいのか？」と。こうやって疲弊感は蔓延します。

だからこそ、次の「リーダーのひとこと」が重要となるわけです。

「よし、ゴールに近づいて来ている。さらに調子を上げて行こう」

このひとことでメンバーは安心できるのです。漕ぐスピードは一気に速くなることでしょう。つまり、リーダーであるあなたが、陸への距離が近づいている「兆し」を伝えることがチームに勢いを与えるコツになります。

たとえば、「声」。**お客様の声、従業員の声、声はもっとも早く現れる「兆し」**です。予め、声を集める計画を決めておくとよいでしょう。

しばらくたつと単価やリピート率の向上、ミス率の低下、残業時間の削減、そして数値（KPI）の変化も「兆し」として示せるでしょう。「兆し」は出し惜しみをせずに、迅速に伝えることです。

さらにテクニックの1つなのですが、〝誰が兆しを伝えるのか〟にも工夫をすることです。

オススメは、リーダーのあなたではなく、部下と同じ立場にある部下を話者とすること。同じ立場の人がお客様からいい評価をもらったなど「兆し」を語ることで〝自分もこの流れに乗らなければ〟とやる気に火をつける効果も得られます。

また、「兆し」を見せる目安はスタートから1か月以内です。

「ワクワク」を伝染させる

もう1つ大事なことがあります。リーダー自身が「ワクワクしている」ことを伝えることです。我々は、リーダーの気分が驚くほどに職場を支配することを自覚しておかねばなりません。部下はリーダーの気分に従うものです。

言い換えると、**チームのムードはリーダーの気分の合わせ鏡**だと考えて間違いありません。だから、**リーダー自身がワクワクしていることを伝えねばならない**のです。

「今から、この会議室で行う祝勝会が楽しみで仕方ない」

リーダーのそんな**ひとことの繰り返し**が職場に「勢い」を与えます。

今の時代は、大声で叫ぶことや、強烈なプレッシャーを与える、といったことで「勢い」は生まれません。思っている以上に部下は委縮をしてしまいます。

たとえ、その瞬間は達成しても、その後には退職者がボロボロと出るかもしれません。

そうなると１人あたりの業務量が増えてしまい、お客様へのサービスも不十分なものとなり、結果として崩壊の道をたどることになるでしょう。

今の日本では恐怖マネジメントの手法は通用しないと考えてください。今はむしろ、ワクワクさせたほうが「勢い」が生まれる時代です。

ポイント

- あえて、「だんだんよくなってきている」と一か月以内に伝える。
- リーダーの気分がチームのムードとなる。リーダー自身が「ワクワクしている」ことを伝える。

第6章

チームのチカラが上がる！部下に「任せる極意」

「自分でやったほうが速い」でリーダーは自滅する

そこに「こだわる」から自滅する

部下に仕事を任せていくことは、リーダーの重要な仕事なのですが、やはり、仕事を手放せない人がいます。なぜ、彼らは仕事を人に任せないのでしょうか。その理由は「**自分でやったほうが速いし、いいものができる**」**と思っているから**です。

たしかに自分でやったほうが速いこともあるでしょう。「納期のスピード」「成果物のでき映え」だけを目的にするのであれば、問題にはなりません。

しかし、チームの「成果」を出すことを目的とした時は困ったことになります。

チームで「成果」を出すためにはサクサクと「速くいいモノをつくる」だけでよい

のでしょうか。違いますよね。結局、いいモノをつくっても広めるのは「人」です。実は、そこにチームで成果を出すための成功の鍵があり、チームの成果は「モノ」ではなく「そのモノをより多くの人に広めたい」というチームに宿る**〝本気度の総量〟が握っているのです。**

リーダーになる人は、ここを理解しておかないと「仕事の勝率」を高めることはできません。それこそ、「モノはいいけど、成果が出ない」という残念な状態になるわけです。

わかりやすい例を紹介しましょう。私の研修でグループワークを行った時のこと。AとB、2つのテーブルに分かれてのディスカッションをしました。制限時間は10分。テーマは「職場の問題」の解決策を考えるというもの。

Aのテーブルは意見交換を大事にしました。その結果、想定を超える意見が出ることとなり、時間が足りない事態に。5分の時間延長の相談が上がってきました。

もう一方は「速くまとめること」を優先。途中からはリーダーが1人でサクサクと決める作戦にしたため、8分くらいで結論を得ていました。作戦通り納期には間に合いました。

さて、違いが出たのはここからです。時間を延長してでも対話をすることを優先したチームからは「これで大丈夫だ」「よし、これはいける」という声が部下から上がった一方で、リーダーがサクサクと1人で仕上げたチームは静まり返っています。部下に内容について尋ねてみると「ちょっと、私にはわからないです」「リーダーに聞いてもらっていいですか」といった苦笑いにも似た反応が返ってきたのです。

このエピソードが教えてくれることとは、リーダーが1人でサクサクとやると、たしかに作業は速く、そして成果物のクオリティも悪くはないのですが、部下の「本気度の総量」は上がらないどころか、下がるということです。

ですので、**リーダーがこだわるべき点は、「成果物の仕上がり」ではなく、「本気度の総量」を上げること**なのです。

「大切に育んだ子は、誰が何と言おうが愛おしい」の法則

話はまったく変わりますが、私の息子は大の犬嫌いでした。しかし、とあることか

らミニチュアダックスを飼うことになり、彼が世話をするようになりました。

すると不思議なもので、いよいよ一緒に寝るようにもなり、今では、

「100億円あげると言われても、手放すつもりはない」

と言うほどに入れ込んでいます。

かといって、近所の犬もかわいいと言うまでにはなりましたが、そこまでの入れ込みはありません。一体これは、どういう法則が働いているのでしょうか？

大切に育むと、誰が何と言おうが、愛おしくなる法則です。


つまり、「**大切に育む**」**機会を部下に提供するのがリーダーの仕事**なのです。

「自分がやったほうが速い」という考え方はすぐに捨ててください。犬は1人で飼わず、みんなで飼うと考えられてはじめて、「結果」を出せるリーダーになれるのです。

ポイント

- 1人でやると作業は速いが、勝負には負ける。
- 部下の「仕事愛」を育てることは、現場リーダーの重要な仕事。

逆らう人を鎮めたいなら「参謀」をつくろう

もしも、水戸黄門に「助さん・格さん」がいなかったら……

少し古い時代劇の話で恐縮です。ここで水戸黄門の話をします。なぜ、主役である水戸黄門は、あれほどまでに悪党を成敗できたのでしょうか？

私は、黄門様の家臣である「助さん・格さん」の存在だと考えます。

水戸黄門と一心同体の彼らは、リスクを冒してでも悪党の情報収集をし、時には弥七、ハチといった〝ややこしい〟素性の取り巻きの指導にもあたります。

一方で黄門様は、身分を隠しながら、町民達と雑談に花を咲かせ、町の隠れた問題を探っています。そして、必ず「助さんの決めゼリフ」でドラマは締まります。

「この印籠が目に入らぬか、この方をどなたと心得る。水戸光圀公であらせられるぞ。

頭が高い！　控えおろう（深々と土下座せよ）」

悪党を降参させてスッキリするという流れです。

さて、ここで「助さん・格さん」がいない水戸黄門を想像してみましょう。きっと、黄門様が1人で走りまわり、ドラマの締めには自分で印籠を懐《ふところ》から取り出し、土下座しなさい、という展開になるのでしょう。なんとも締まりのないドラマになってしまいます。


さて、ここで大切なことは、**あなたに「助さん・格さん」がいるのか**ということ。あなたと一心同体になれる、そんな部下はいますか？

いる人はバッチリです！

少し不安がある人は、あなたのチームの中から「助さん・格さん」を任命してください。1人でもいいです。

というのも、**あなたが新しいことをしようとする時、必ず抵抗勢力が現れるからです。**賛成する人が2割、様子を見る人が6割、抵抗する人が2割、つまり「2対6対2」の法則が必ずあるのです。

立場の違うあなたが変革への覚悟をいくら伝えても、反対する人の心を動かすことは困難でしょう。立場が違うからです。

そこで、必要となるのが参謀です。彼らに立場が近い参謀（言ってみれば彼らの同僚）が変革の必要性を語ると、きちんと議論になります。

ですので、すぐにでも今のチームから参謀を選んでください。たとえ適任がいなくても、です。野球でも一緒。適任がいないからといって、コーチ抜きでペナントレースは戦えません。そのくらい参謀を持つというのは重要なことなのです。

参謀を選ぶ基準

参謀を選ぶ時は、「思いを共有できる人」「同僚から信頼されている人」にしてください。「年齢」「能力」「役職」だけで選ばないことです。後でしんどくなります。

次に、人選ができたとしましょう。本人に「私をサポートしてほしい」と伝えてください。静かな場所で伝えれば効果は倍増。会議室や応接室がいいでしょう。

そして、その**参謀に重要な役割を任せてください。**それこそ、あなたの進退に関わるような中心的なミッションの一部を。たとえば、営業リーダーであれば、業績管理の一部を任せるといったことや、営業戦略の立案をお願いするといったことです。

ここで大切なことは、**コミュニケーションを密にとること**です。部下のリーダーへのコミットメントは何をすれば高まると思いますか？

実は、「リーダーからの情報開示の総量」と比例しています。

まずは、リーダーであるあなたのほうから、抱える課題、時には悩みを開示したほうがいいのです。**部下にとってリーダーの言葉は、想像以上に重みを持ちます。だからこそ、情報を開示するだけでも部下は認められたと感じ、動きたくなる**わけです。

あなたの参謀を決めてください。そして重要な役割を付与し、コミュニケーションを密にとってください。あなたの変革に〝必ず〟力を貸してくれるはずです。

ポイント

- 「助さん・格さん」がいてくれれば、変革がスムーズになる。
- 参謀を選ぶべき人は、「思いが共有でき、同僚から信頼されている人」。

あなたは、部下に「ピストル」を渡しているか？

任せる仕事の「ずっしり感」を伝える

映画のワンシーン。ボスから暗殺の指令を受けたのは新人のヒットマン。相手は敵のボスで、一旗揚げるべく新人は覚悟を決めます。失敗すれば命取りです。

そこで、新人はボスに尋ねます。「〝武器〟はどうするのか」と。

するとボスは目を閉じて答えます。

「いや、丸腰で」

もちろん、そんな映画はありません。架空です。

でも、権限移譲をする際に、よく起こる現象だったりします。それは、**部下に重要**

な役割を付与するものの、権限を付与していないため、「鉄砲玉」のようになってしまっているということ。これでは部下は役割を任されたとは思いません。便利に使われる、そんな感覚すら持つことでしょう。

部下に役割を付与する時は、ずっしりと重さを感じるピストルを用意してください。もちろん、ピストルとは比喩。ピストルを手にした新人ヒットマンが唾をゴクリと飲み込むシーンのごとく、「え、そこまで……」と思わせる権限を同時に与えてみてください。

たとえば、関係部署との交渉「権」、新しい仕入れ先の開拓「権」、取引条件を決める選択「権」、社内プロジェクトのメンバーの任命「権」など、権限を明確に与えてください。ただし、致命的なリスクを追わせるわけにはいきません。「権限の範囲」を決めておいてください。時には値引き率かもしれませんし、特別サービスの対象期間かもしれません。

では、任された部下にはどんな変化が起こるのでしょうか。「任されている」という自覚が芽生えます。ひょっとしたら休日も返上して家で仕事をするかもしれませんし、時には「この件を担当する山田です」と取引先に挨拶するでしょうし、「その件は私に一任されています」と答えることもあるでしょう。ゆえに、部下にしっかりとピストルを渡してください。

ピストルを渡すことが、難しい会社の場合

会社によっては、ピストル（権限）を渡すことが難しい会社もあることでしょう。「もし、ピストルをなくしたら大きなリスクだ」との論理はどの会社にもあります。そんな時は、こう考えてみてはいかがでしょう？

ピストルはあなたの引き出し（決裁）に入れておきながら、部下にピストルの入っている引き出しの鍵をいつでも渡す用意がある（報告をもらえば、基本は自由に使える権利）ことを伝えます。少しまどろっこしいですが、これも権限移譲です。これならできるのではないでしょうか？

それでも難しいという人もいるかもしれません。ムリをする必要はありません。そ

の**ピストルに変わるものを用意**してください。高品質な防弾チョッキ（手厚い事前研修）かもしれないですし、ボスの熱いメッセージ（あなたが直接思いを伝えるなど）かもしれません。

つまり、役割を付与する時は「権限」とセットだと考えておいてください。部分的な権限でもOK。それが、彼らにとっては重要な意味となります。

そして、あたり前ですが、ピストルの渡し方も大事です。ポンとデスクの上に無造作において帰る、または「よろしく〜」と言ってポンと投げるのもよくありません。しっかりと目を見て、静かな場所で渡してください。それが緊張感となり、ただ事ではない重要感を感じることとなります。

ポイント

■ 部下に役割を付与する時は、ずっしりと重さを感じるピストル（権限付与）を用意。

■ ピストル（権限付与）がムリだったとしても、他の方法を考える。

「任せた後の不安」は仕組みで乗り越える

「定例会」という、クールなシステム

「部下から嫌われるリーダー」、それは不安を感じたら、何時であろうと、電話をしてしまうような人です。

「今、いい？　例の件だけど、どうなった？」

その気持ち、わかります。リーダーは不安になるものです。

しかし、その姿は、母親が子供に「算数、勉強した？」「今日は、勉強を何時間した？」と四六時中にわたって確認するようなもので、部下にとってはいい迷惑です。

「信頼してくれていないなぁ」という猜疑心すら持ってしまうことでしょう。

でも本当は、そんなことはしたくないはずです。もっと、クールにいきたいところでしょう。とっておきの方法があります。「定例会」を開いてください。

これは、前職での経験なのですが、事業を担当する管理職になると2週間に1回の頻度で「定例会」というものがありました。この定例会というのは、任された事業の進捗を部下から報告に行くというシステムなのです。

余談ですが、気が重い報告が続くことがありました。

「2週間に1回、地獄がやってくる。行きたくないなぁ」

このように口にしたことが上司に伝わり、「定例会やめる？　俺はどっちでもいいよ。伊庭に任せる」とサラリと言われて困ったことがあります。

というのも、定例会は報告だけではなく、相談の機会でもありますので、なくなると非常に困るのです。燃えたぎるような地獄の底で、そのクールなマネジメントに感心したものです。

私はこのシステムを知っていたので、現場リーダーに着任すると「定例会」を導入していました。これに随分と救われました。

白状しますと私は、最初の頃は夜中でも部下にメールをしてしまうダメリーダーだったのです。

私としてはメールだから問題はないだろうくらいの気持ちだったのですが、着信時間が夜中の1時だったりすると、それが別の意味を持つことがわかりました。

「とてつもなく不安に感じているぞ！」

こうとらえられてしまったのです。そんな状況に部下から、少し怪訝な表情をされたこともあり、「定例会」というシステムを導入しました。

すると、いちいち電話をすることもなくなりますし、緊急の必要があれば、部下から相談に来ることがわかりました。

だから、自信を持って「定例会」をオススメしたいのです。努力で不安を消すのはムリです。気になるのを我慢することは、無責任なようにも思えるわけです。だからこそ、**任せた後の不安は、「自動点検」の仕組みで乗り越えましょう。**

部下の本音を収集するシステムを持つ

もう1つの術、それは「参謀」に協力してもらう方法です。顕在化していない問題を把握するためにとても有効です。

定例会では「計画通りで大丈夫」という報告であっても、参謀が別の機会にヒアリングをすると「実は、悩んでいる」という本音をポロリと聞けることも少なくありません。この「本音収集のシステム」を持っておくのもオススメです。

また、「高橋さんと山本さんの関係がギクシャクしてきた」なんて、水面化の問題すらも入ってくるようになります。

繰り返しになりますが、「参謀」をつくることは極めて重要です。

ポイント

- 「定例会」があると、部下のほうから自動的に報告にやってくる。
- 参謀がいれば、言いにくい「部下の本音」が自動的に集まる。

部下を本気にする「GROW」モデル

「答え」を与えず、「答え」をつくる

仕事には、「正解はない」と言いますが、その意味はどういうことでしょうか？

私はこう考えます。**「正解」はあるものではなく、〝つくる〟もの**だということ。

つい、私達は、部下が問題に直面した時、学んだ理論や経験の中から「模範解答」を検索し、すぐさま答えを提供しようとしてしまいます。

しかし、これでは部下の主体性は育ちませんし、部下は上司に指示に従うだけの人になってしまいます。


そこで、**オススメの手法が「GROW」モデル**です。第3章でも紹介しましたね。

この手法はコーチングの権威であるジョン・ウィットモア氏が開発したコーチングの定番のメソッドで、非常に使えます。部下への指導のはずが、気がつけば〝部下がやりたい！〟となる驚きのメソッドです。

GROWとは、各ステップの頭文字をとったものになります。左の図をご覧ください。この流れで対話をすすめていきます。短時間で部下を主役にすることができます。

	ステップ		質問例
G	Goal	会話のゴールを決める	「解決すべき問題は何？」
R	Reality	事実把握に努める	「一体、何が起こっているのか？」
R	Resource	資源の発見を行う	「何があれば、問題は解決できるのか？」
O	Options	対策の選択肢をつくる	「対策案をいくつか出してみよう」
W	Will	本人の意志に導く	「どの案をやってみたい？」 「それは、本気か？」 「本気であるなら、サポートする」

たとえば、部下は鈴木君。任せた仕事の納期が遅れそうなことへのコーチングです。

「鈴木君、納期に遅れないための対策を一緒に考えよう」（Goal）
「現状を教えてもらっていいかな？」（Reality）
「そうだったのか。何があれば解決できるのかな？」（Resource）
「なるほど。では具体的な対策案をいくつかあげてみないか？」（Options）
「いくつか出てきたね。鈴木君は、どれをやってみたい？」（Will）
↓
「では、それをやってみるかい？　鈴木君が本気なら、サポートするよ」

いかがでしょう。**最後は部下が主役になる、これがＧＲＯＷです。ポイントは、「本人の意志」に仕立てている**ことです。もちろん、このミッションがうまくいけば彼の功績であり、成功体験になるわけです。

「筋のいい問題」を見立てると、再発を予防できる

最初の「Ｇ：ゴール」を考える際に、ほんの少し工夫するだけで、とても深いコー

チングができます。

つまり **〝何を問題とする〟かによってコーチングのテーマは変わります。**

より深いコーチングをしたい時は、真の原因を探ってみてください。その方法とは「なぜを3回」問い続ける方法です。

・時間が足りない（なぜ？）
↓最近、仕事に追われている（なぜ？）
↓優先順位をつけられない（なぜ？）
↓そもそも時間管理が苦手……。

こういったように、深さをコントロールしてみてください。**深いコーチングを行うと、より再発が予防できます。**

ポイント

■ GROWモデルを使うと、部下を主役にできる。
■ コーチングには「深さ」がある。「深い」ほど、再発は予防できる。

部下にスポットライトをあてておく

「おめでとう」ではなく、「ありがとう」と言う

さて再び、新人ヒットマンの映画に戻ります。

ピストルも手渡しました。震えながらも新人ヒットマンは敵のボスをめがけて引き金を引いて、見事に成功！　これはボスのために命をかけた仕事です。ボスに報告するため事務所に息を切らして帰ってきました。そこで、ボスがひとこと。

「へ～、そうなの。よかったじゃん。おめでとう」

きっと、新人ヒットマンは不安を感じたことでしょう。この仕事の依頼主は「ボス」です。だから、おめでとうではなく「よくやった。ありがとう」が適切です。

しかし、部下ががんばって達成した時に「やるね」や「おめでとう」とつい言ってしまいます。「おめでとう」は同僚が言う言葉です。

小さな違いのように感じますが、優秀なリーダーほど、言葉をとても大事にします。**部下に託した仕事であっても、その仕事の持ち主はリーダーなのです。**

そしてリーダーは、任せた仕事を部下が成功させた時、**感謝の気持ちを精一杯伝えてあげてほしい**のです。戦国武将は、活躍した家来には領土をプレゼントすることで感謝を示しました。それと一緒です。

「人事考課」で高い評価をプレゼントする

会社員の場合、この領土に相当するものは何でしょうか。やはり「評価」に他なりません。高い評価、具体的には**人事考課で報いてあげてください。**

そして、ここからが「超」実践のテクニック。実のところ、**評価は「もらう」ものではなく「勝ちとるもの」。**というのも、人事考課には、一筋縄ではいかない事情が交錯するからです。他の部署の上長や人事部、時には経営者など、周囲の納得感が欠かせません。

言い換えると、人事考課は「評価の取り合い」です。ゆえに多くのリーダーは、人事考課のタイミングになって、部下の功績を一生懸命にレポートをするのですが、本当のところそれでは遅すぎます。

それ以上に「事前の周知活動」が重要です。たとえると「流行語大賞」のようなものです。審査直前に「実は、みなさんが知らないところで、『イェ〜』という言葉がはやっていました。なので1票を！」と言われても、よくわからないことでしょう。

ゆえに、部下の貢献を社内で広めることも重要な仕事となるわけです。私はこれを「部下の貢献にスポットライトをあてておく」と言っています。

いい仕事をしてくれた部下には、表彰の機会をつくる、社内報に取り上げてもらう、幹部会議で共有してもらうように働きかけるなど、できることはたくさんあります。

■結果的には、あなたの評価も上がることになる

社内政治なんて面倒だ、と思わないでください。私も社内政治や調整は大嫌いです。でも、こう考えていました。**社内政治ではなく、これは社内マーケティング**だと。

そして、こうも考えました。会社のためであり部下のためだと。部下のいい仕事が表に出ないことほど悲しいことはありません。

反省談を白状します。人事考課会議の前日でした。がんばってくれた部下の努力が、私の上長にうまく伝わっていないことが話の中でわかったのです。

そこで、話を続けようとしましたが、上長は次の約束が入っており、地下鉄に乗らないといけないとのこと。そこで、事務所から地下鉄の改札まで歩きながら説明し、改札口で「ご理解、よろしくお願いします」と頭を下げて見送る事態になりました。

これは美談ではなく、広報が不足していたという情けない話です。

リーダーは、日頃からがんばってくれている部下にスポットライトをあて、彼の努力への応援団をつくっておくことも重要な仕事です。**部下のいい仕事が脚光を浴びるほどに、結果的にはあなた自身の人事考課での評価を高めること**にもなります。

ポイント

- 任せた仕事の「持ち主」はリーダー。ねぎらいは「おめでとう」ではない。
- 部下のがんばりは「人事考課」で評価する。

第7章

1つのミスが命取り！「リスク予防法」

厳しくするだけでは、不正はなくならない

職場には誘惑がいっぱい

人というのは悲しいかな、「煩悩」の中で生きています。リーダーはそのことを否定してしまっては、判断を見誤ります。

いくら、その人が立派なことを言っていたとしても、前頭葉をトップギアに入れ、その煩悩を奥のほうに封じ込めていると考えておいたほうがよさそうです。

もし、道端に1万円が落ちていたら、交番に届けないといけないことくらいは、誰もがわかっています。

でも、シーンを変えるとどうでしょう。

たとえば、終電に乗り遅れてしまい、タクシーで帰ろうとしたものの財布の中身は

1000円。このままではホテルにも泊まれない。明日は大事な会議が朝一番に予定されている。そこに、なんと1万円が道端に。人は、それでも交番に届けるのでしょうか？　全員が……。

さて、この道端を職場に置き換えてみましょう。1万円に変わる「誘惑」は、職場中にたくさん落ちています。たとえば、こんなふうに。

・営業ノルマを達成できないと怒られる。まだ未契約のお客様を計上しようか……。
・来月は、支払いが多い。まいったな。残業手当で来月の給与を増やそうか……。
・私用で乗ったタクシー代1000円。業務扱いで精算をしようか……。

「誘惑」は職場の中を空気のように漂っています。ゆえに、我々リーダーは、部下にいかなる究極の選択が降りかかってきたとしても、抑止力を働かせておく必要があるのです。

最大の抑止力は〝やさしさ〟の抜き打ち

では、抑止力を働かせるために、リーダーはどうすればよいのでしょう。いい方法があります。**「やさしさの抜き打ち」**をしてみてください。「君達のことをちゃんと見ているよ」とアナウンスして頂きたいのです。

たとえば、こんな感じ。経費伝票の確認をしながら（経費伝票でなくとも行動の確認でもなんでもＯＫ）、こう聞くのです。

「新宿から横浜まで移動したのか。大変だったでしょ。ＪＲ？」
「新橋と品川を何度も往復しているけど、何か困ったことでも起こっているの？」
「残業が増えているけど、体調は大丈夫か？　ところで、何が起こっているの？」

いずれも疑うのではなく、心配して聞くという構図です。そして、周囲の人にも聞こえる声で話しかけることが重要です。それが抑止力となります。

タイミングとしては、経費精算の確認時などのいわゆる「確認のタイミング」や、直帰が増えた、元気が失せてきたなどの「変化のタイミング」が抜き打ちのタイミングです。

さて、まとめます。繰り返しになりますが、職場の中は「誘惑」だらけであることをわかって頂けたかと思います。

ただ、リーダーは「誘惑」の前に無力ではありません。抑止力を働かせることができるからです。「やさしさの抜き打ち」をぜひ、やってみてください。

「ウチのリーダーは、日々の細かいところまで見ているな。侮れないな……」きっと部下の心にインプットされることでしょう。それがあなたとあなたの部下を守ることとなります。

ポイント

- 職場は「誘惑」だらけである。だから、リーダーは、抑止力を働かせること。
- 「やさしさの抜き打ち」が最大の抑止力となる。

不正の「兆し」の見破り方

不正は突然にはやってこない

あなたは部下を信用していますか？

もちろん、**信用してください。でも、安心はしないでください。**

私は前職で営業をしていた時から、のべ４万件以上の訪問をして参りました。「まさかあの人が」ということは少なくありません。中には新聞の三面記事に「容疑者」として登場された人も何人かいらっしゃいます。会社の商品を横領し、質屋で売りさばいていたという人もいました。

でも、日頃の彼らは、他の誰とも大きな違いはありません。むしろ、実直で勤勉な印象です。

そして彼らの上司は口をそろえて言います。「まったく気づかなかった」と。

ただ、そんな私の得意技の1つが、「不正」とまではいきませんが、その兆しとなる「ウソ」や「隠し事」を見破ることでした。

だから、「まったく気づかなかった」というのは、厳しいようですが、甘かったとしか言いようがありません。それは、リーダーの仕事です。**突然に不正は起こりません。必ず「兆し」があります。**

そこで、伊庭流〝兆しの見破り方〟を紹介します。

「公私混同」注意報

「それくらいはOKでしょ」の感覚を育む公私混同は、「兆し」の1つです。

業務量以上に休日出勤や深夜残業が常態化している人、いつも同じ金額のタクシーの領収書が経費精算されている人（出勤に使用している可能性）、お客様に渡すべき粗品を自分のものにする人（これは販促費です）などは、黄色信号です。

「魔の時間帯」注意報

誰の目も行き届かない時間帯は「魔の時間」です。これは外出時間というよりは深夜の1人の時間帯です。魔の時間帯が常態化していると危険です。

「挙動不信」注意報

いわゆる「いつもと違う行動」には危険が潜んでいます。

・なぜか、外線電話をワンコールでとる（知られるとマズい電話を入り口で防ぐ）
・質問をすると「そう、違うんです。実はね」と肯定しながら言い訳をする（とり繕っている）
・なぜか目を閉じながら話すようになった（ウソをつく仕草）
・行動を変えていないのに突然に売上が増えている（魔法はない）

つまり不思議な「変化」には敏感になっておきましょう。

「自己顕示欲」注意報

実体がないのによく見せようとする、そんな「自己顕示欲の高い」人は、特に注意が必要です。追い込まれた時に一線を越えてしまうことがあるからです。たとえるなら、合格点をとるためにカンニングをしてしまうような危うさです。

職場ではこうなります。必ずバレるのに、先方の同意なき不正な契約をしてしまうなどの可能性があります。このパターンです。

いかがでしょう。これらは、ほんの一例ですが、現場を預かるリーダーが、このあたりの「兆し」に敏感になるだけでも随分と予防はできるものです。

「たくらむ」人は、人の動きをよく見ています。あなたの一挙一動もしっかりと見ているはずです。油断をしている場合ではありません。だからこそ、「やさしさの抜き打ち」で油断できない人になっておいてください。

ポイント

- 不正には必ず「兆し」がある。兆しに敏感になるのもリーダーの仕事。
- 部下のことを絶対的に信用しても、安心をしてはならない。

部下の心を折らないマネジメントは「各駅停車」

メンタル疾患が生まれやすいチームとは

部下の1人が**メンタル疾患になってしまったチームは、なぜか再び別のメンタル疾患が発生**することになりませんか。もちろん、本人の問題だけではありません。ほとんどの場合は、リーダーのマネジメントの問題です。

部下の心が折れやすいのであれば、各駅電車に乗っているがごとく、1つひとつ止まって心の確認をする、といったようなマネジメントのやり方に変えねばなりません。もし、特急電車のごとく停車（心の確認）する機会も少ないとしましょう。次の駅に到着する時には電車に酔ってしまい、途中下車をせざるを得なくなります。

しかしながら、私が見る限り、**メンタル疾患を出すリーダーは、一生懸命なのです**
が特急電車しか走らせない、そんな一本調子なマネジメントをしているのです。そし
て、彼らのお決まりのセリフがこれ。

「ウチの会社のペースには、ついて来れなかったようだ」

とんでもないことです。「また、アイツのところか……」というのが周囲の冷静な評価であることがほとんどです。そうならないためにも、各駅電車でゴールを目指すマネジメントも習得しておきましょう。

「それもありか」と考える

私が見るところ、部下の心をボキボキと折ってしまう **〝メンタル送り〟の鉄人（リーダー）達は、人を評価的に見る傾向が強く、さらに言うと、その評価は極めて主観的で〝決めつけ〟に近いものであることがほとんどです。**

ゆえに、会話にも特徴があります。「普通に考えると……すべきでしょ」と自分のルールを相手にも守らせようとし、そのルールに乗らない人に対する評価は、厳しい

ものとなります。人によっては、そこに過敏に反応して、思いつめてしまうのです。

営業職時代に私もあるメンタル送りの鉄人の部下になったことがありました。

ある日のこと、私がご新規の契約を頂いた後、次のアポイントが迫っていたので次の訪問先に向かい、その夕方に事務所に戻ってきました。その時に彼から言われたひとことがこれ。

「朗報はすぐに連絡するべきでしょ。みんなで目標を追いかけているんだから」

すぐに報告するというルールは特にありませんし、私は1分たりとも気を抜いた覚えはありませんでした。さすが鉄人とうなったものです。

部下の心を折らない**すぐれたリーダーは「すべき」ではなく、「それもありか」と考えます。**特に「せっかち」なリーダーは気をつけてください。特急から各駅停車に乗り換えることの選択なんて考えたこともないかもしれません。

ちなみに私が研修で紹介するケースの1つに、「10年にわたって日本一のコンビニが実践する人材活用法」というのがあります。そのお店は、なんと「引きこもりの人」を社会支援の一環で積極的に採用し、戦力としています。彼らに対するマネジメントは、まるで各駅停車に乗っているように、丁寧に丁寧に指導されています。「最初は〝挨拶〟から、次は〝報告〟……」といったように、ゆっくりと指導します。しかし、効果はてきめん。最初の頃は目も合わせず、会話も単語しか話さなかった人が、1年もすると「伊庭さん、いらっしゃいませ！」となるというのですから、人というのは面白いものです。

まとめます。心が折れやすい人を「あきらめ」てはなりません。丁寧に育成をすれば、きちんと結果を出してくれます。具体的には、対話の頻度を増やすことです。そこで確認することは、つまづいていることはないのかということと、心の様態。少々大変でしょうが、マネジメントのバリエーションを増やすためにもやってみてください。きっと、職場のメンタルリスクは下がります。

ポイント

■ リーダーが「べきでしょ」をやめると、メンタルリスクは下がる。

「燃え尽きそうな人」には、「がんばりたくても、がんばれない仕組み」を

軽自動車でレースに出てしまう人達

いつもバタバタしながらも一生懸命に働き、そして周囲にも明るく「大丈夫です！」と言っていた人が、急に無気力になってしまい、モチベーションが急降下してしまう、そんな「燃え尽き症候群」にかかってしまった人はいませんでしたか？

原因の本質は、自分のチカラを過信していることにあると私は考えます。自分が軽自動車の排気量しかないのに、レースに参戦してしまうのと同じです。

でも、彼らは切迫感からピットイン（燃料補給＝きちんと食事）もせず、ブレーキ（休息）も踏まず、ついには無茶がたたってしまう、それが「燃え尽き症候群」の状態です。

では、彼らに「君は軽自動車だから、ゆっくりと走りなさい」といったところで、彼らはゆっくりと走れるのでしょうか？　それが難しいのが現状です。

そこで、彼らを燃え尽きた灰にしないためのマネジメントのコツを紹介します。

がんばりたくても、がんばれない状態をつくる

最近は、こんな会社が増えてきました。

家でも残業ができないようにするため、パソコンのログをとり、残業ができない状況にするといった会社や、決められた時間に事務所を消灯する職場も少なくありません。

中には、時間外労働が多い人は、いくら成績がよくても営業の表彰対象から外す、といった企業もあります。

以前は、「成果を出す」ことを最優先し、曖昧にしてきた時間管理ですが、今の時代、**「やりたくても、できなくする」状態にするというのは、本当に優秀なリーダーが選択する、究極のマネジメント**です。

話を戻します。ここでお伝えしたいのは、仕事をしたくてもできないようにしましょうということ。燃え尽きそうな人への対処法は、「**担当する仕事量を減らす**」ことです。もし、分業をすることができるなら、ぜひそうしてください。

私がやった一例を紹介しますと、1日12時間くらい働いていた営業社員がいたのですが、短時間のアルバイトを採用することで、彼の仕事量は一気に減り、長時間労働を解消できました。

もちろん、人を採用するコストが出せない（出してくれない）、という声も聞きます。そんな時こそ、リーダーは「投資対効果」を数字で計算をして、上司にはこのように相談してみてください。

「1日3時間のアルバイトを1人採用すれば、分業が可能になり、商談が6件増え、契約が10万円増える計算がたちます。つまり、6万円の投資で30万円のリターンを得られるはずです。実験をさせてください。3か月あれば結論はでます」

これは一例です。私は、いつもこの方法で稟議を通していました（これは使えますよ）。

まとめます。

燃え尽き症候群を予防する最善の策は、「掛け声」「指導」ではありません。「がんばりたくてもがんばれない仕組み」をつくり、仕事量を減らすことです。

ポイント

- 燃え尽き症候群の予防で「がんばりたくてもがんばれない仕組み」をつくる。
- 具体的には、仕事量を減らすことしかない。

ハラスメントの境界線を理解しておく

部下なら冗談で済むことでも、リーダーなら命取りになることも

ハラスメントで訴えられ、リーダーの座を奪われる人はいっぱいいます。

とはいえ、「女性だから、ムリをするなよ」と気遣いから言ったひとことも、セクハラにあたり、そのことでリーダーの座を奪われてしまうのでしょうか？

パワハラ、セクハラだけではなく、妊娠・出産に関する嫌がらせのマタニティハラスメント、相手の人格を否定するなど倫理に反するモラルハラスメント、男らしさ・女らしさなどを強要するジェンダーハラスメントなども広まっています。

また、「関西人なのにマジメじゃん」と言われることもあります。関西人の私が、妙なプレッシャーを感じる瞬間です。関西人に対するナニワハラスメントもあるので

はないでしょうか(笑)。

そもそも、ハラスメントとはどういうことなのでしょう?

正確に定義を押さえておかないと、自然な会話もできなくなってしまいます。

厚生労働省の説明を引用すると、ハラスメントとは「職権などのパワーを背景にして、本来の業務の範疇を超えて、継続的に人格と尊厳を侵害する言動を行い、就業者の働く関係を悪化させ、あるいは解雇をするもの」とあります。

つまり、**ハラスメントを整理すると「職権パワー」×「尊厳を侵害する言動」＝「環境悪化」の構図になる**わけです。

そこで**リーダーが留意することは、何もしなくてそこにいるだけでも「職権パワー」を持っているということ**です。リーダーと部下は違うのです。だから、リーダーは部下時代ではセーフであった「言動」がアウトになるわけです。

ハラスメントの罪から身を守るコツ

でも、そのハラスメントの境界線は難しいものです。とっておきのいい方法があります。厳しすぎるハラスメント基準をご自身に設定してみてください。それがこれ。

「**ハラスメントの撲滅を訴える社会運動家がいるとして、そんな彼らから、アラ探しをされてもセーフと言われる基準**」**に設定しておく**、ということです。リスクは最小限にしておくべきでしょう。厳しい社会運動家レベルで見てもセーフならば、怖いものはありません。

ゆえに、「性差に関する評価」「年齢に関する評価」「出身地の細かい場所」「ご両親は、といった家庭環境」「結婚は？」「国籍は？」「宗教は？」「メンタルの強さは？」といった〝**人によっては言いたくはないデリケートな話題**〟**に近づかないことが賢い選択**となります。

そうなると、「部下と深い会話ができないのでは？」という質問を頂きますが、私はこう答えています。「彼らが嫌がる話題を切り出して、深い会話ができますか？」と。信頼関係が生まれてくると、部下の方からリーダーに話してきます。

あと、**昭和の風習を捨てること**も重要です。これが命取りになることもあります。たとえば、飲み会の１杯目にウーロン茶やホットコーヒーをオーダーするのはＯＫ

でしょうか。OKです。「1杯目はビールでしょ……」はハラスメントと思われても仕方がありません。

リーダーには職権パワーがありますので、強要と同じなのです。居酒屋ではなくカフェがにぎわう時代、アルコール成分の有無で契りを交わす時代ではありません。

また、宴席で性別を考慮した席順を決めることも昭和です。シェアハウスで見知らぬ男女が生活をする時代、気にとめるのは上座と下座で十分です。

「スイカ畑で、靴の紐を結ぶな」という古いことわざがあります。スイカを盗んでいるように誤解されるからです。**これからのリーダーは、誤解を与える行動をとらない。**たとえ、気遣いであったとしても「女性だから、ムリをするなよ」とは言わない。これが、ハラスメント時代を生き抜くリーダーの処世術です。

ポイント

- 部下ならば許された言動が、許されないこともある。用心に用心を重ねる。
- 人によっては〝言いたくはない話題〟に近づかないことが賢い選択。

優秀なリーダーほど、「クレーム」を増やそうとする理由

「クレーム」をゼロにすることの危険

あなたは部下のクレームをゼロにしようとしていませんか？

もし、そうだとしたら、危険です。すぐにやめたほうがいいです。

というのも、クレームは商売を成功させるキラーパスだからです。

グッドマン理論という消費者行動の調査結果から導き出された理論があります。

「不満を感じても、実際にクレームを入れる人は４％」

「でも、クレームを入れた後、その対応に満足すると82％がリピーターになる」

「反面、不満を感じてもクレームを入れない人は96％。この層は、９％しかリピート

しない」

つまり、**クレームを言ってくれたお客様の「不満」に対してきちんと対応すれば、約8割がリピーターになる**のです。怖いのは不満を言わない96％のお客様。

だから、リーダーがやるべきことは、お客様の「言うほどではないけど……」というレベルの不満を教えて頂き、その「**小さな不満」に誠意を持って対応をするといった試合運び**を展開することなのです。

ダメなリーダーが部下に、

「ばかやろう。クレームなんて出すなよ」と言う時、

優秀なリーダーは、

「他にはないのか。もっと、クレームを集めてくれ」と言います。

こう、考えておいて間違いありません。

もし、リーダーが「クレームの撲滅宣言」をしてしまうとどうでしょう？

これは危険です。悪い情報が水面下に潜ることになるでしょう。

クレームを増やす方法

私がやって成功した例は、「不」を探す方法です。**「不満」「不便」「不安」**、この3つの「不」を部下に聞くわけです。

「お得意様の山田部長は、どんなことに不満を感じているのかな？」
「業務提携先の＊＊社さんは、何か不便に感じていることはないかな？」
「この新型商品にお客様は、何か不安を感じはじめていることはないかな？」

ここで返ってくる答えが「たぶん、△△です」というように、「たぶん」ではじまったとしたら、事実を確認することが必要となります。部下に「不」を集めてもらいましょう。「もし、あるとすれば（As If質問法）」で尋ねると、一気にクレームが増えることでしょう。

その上で、リーダーは次のことを把握しておく必要があります。

「業績が順調な時ほど、〝不〟はマグマのようにたまっている。それこそがリスク。だから、順調な時ほど、〝不〟を集め、対策を打っておかねばならない」

いかがでしょう。実は、この本を書いているまさに今も、家電量販店の配送の対応に不満を感じているのですが、クレームを言おうとは思いません。できればこの店を利用したくないと考えています。

クレームがないのはかえって危険なのです。順調な時ほど、細心の注意を払いたいところです。

ポイント

- お客様の「不満」に対してきちんと対応すれば、約8割がリピーターになる。
- 業績のいい時ほど、お客様の「不」はマグマのようにたまっている。

「3ステップ報告」で緊急事態に強くなる

「正確さ」を要求するリーダーは、緊急事態に弱い

もちろん、**報告は「正確さ」と「スピード」の両方が大切ですが、緊急事態となると話は変わります。**

ちょっと、考えてみてください。あなたは、緊急事態が発生した場合、「正確さ」と「スピード」、どちらを優先するべきだと思いますか？

答えをお伝えする前に、クイズを1つ。

新人スタッフがメールを間違えて、違うお客様に送ってしまいました。そこには契約書が添付されています。新人スタッフは、そのことにすぐに気づき、すぐさま間違

えた先に連絡をしました。破棄してもらう旨をお願いし、結果的には特に問題になることもなく事なきを得ました。

新人は、そのことを上司にきちんと報告しておきたいと考え、契約先にも事情をきちんと説明した後に、今週中には今回のてん末と原因、そして再発の予防策を上司に報告しようと考えました。

さて、彼の対応はこれでよかったのでしょうか？

答えは×です。

悪い出来事は、たしかな情報がなくとも、スピードを優先し、すぐに上司に〝第一報〟を報告すべきなのです。しかも、この題材には爆弾となるような大きなリスクが隠れています。

このケースは「情報漏洩」にあたるのです。となると、大きな問題に発展する可能性も否定できません。

この教訓は、**部下が「大丈夫だろう」と思っていることの中に、実は大きなリスク**

が隠れていることが少なくないということです。判断がつかないのです。

もちろん、リーダーも同様。自分が気づかないだけで大きなリスクが隠れていることもあるでしょう。ゆえに、悪い情報ほど、まずは上司に報告をしておくことが絶対の法則です。

緊急時の報告は3ステップで

私が現場リーダーをしていた時に、リスクマネジメントのバイブルとしていた元ネタがあります。あさま山荘事件で陣頭指揮を執っていた危機管理のエキスパート、佐々淳行氏が提唱する「巧遅より拙速」という考え方でした。つまり、スピードを優先すべきということ。

第一報　「大変なことが起こったようです」（大変なことが起こったことを伝える）

第二報　「詳細はまだ不明。また報告します」

第三報　「詳細がつかめました！」

第一報についてはいいのです。情報がないよりは対応策を講ずる準備ができます。そして、自分にも部下にも3ステップでの報告を義務づけてください。特に**部下には「第一報」の重要性を伝えておくべき**です。

「悪い情報ほど、すぐに報告してほしい。正確な情報がなくても、ましてや誤報でもいいので」と。

私は、部下から悪い情報をもらった時、時には腹の中が煮えくり返っていたこともありましたが、「報告、サンキュー。後で対策を考えような」と悪い情報を歓迎する姿勢を大切にしていました。でないと、水面化に隠れてしまうからです。

リーダーにとって、**悪い情報こそ命綱**です。

ポイント

■「大丈夫だろう」と思っていても、実は大きなリスクが隠れていることは少なくない。ゆえに、どんなことでも報告をしてもらうようにする。

第8章

新人を一流に「育てる極意」

新人に「好循環」をまわす方法を教えておく

業務の「やり方」だけを教わった人の悲劇

〝ゴールデンエイジ〟をご存じでしょうか。スポーツで語られる理論なのですが、スポーツには、急速にうまくなる時期があります。これが、〝ゴールデンエイジ〟。たとえば、サッカーならば8～12歳。この時期の過ごし方次第で、一流の選手になれるかどうかが決まると言われています。

私は**仕事にも、ゴールデンエイジがある**と考えています。それは入社から3年。この時期に、仕事で成果を出し続ける、そんな「好循環」をつくる方法を知っているかどうかで、一流のビジネスパーソンになれるかが決まります。

悲劇を紹介しましょう。私は企業の営業研修で年間2000人以上へレクチャーをしているのですが、入社時には「お客様のために役立ちたい」と言っていたのに、2年もたつと、「目標達成のためなら、多少のオーバートークをしてもいい」という考えになってしまう人がいます。

一体なぜ、こんなことになってしまうのでしょうか？

それは、仕事を「循環」でとらえておらず、「目の前の1点」でしか見ていないからです。

だから、オーバートークはダメだとわかっていても、目の前の「果実」を手に入れるために、オーバートークでもぎとってしまう。すると、その「果実」をもぎとったことだけを職場でほめられ、ますますその行動が強化されていきます。

しかし、その「果実」を手に入れた後、次の「果実」はやってこないことは明白です。だから、その人は次第に成果が出なくなります。がんばってもがんばっても成果が出にくい体質になっていくわけです。

仕事でパフォーマンスを出し続ける人は、必ずと言っていいほど「好循環」をグル

グルまわすことで成果がやってくる、そんな発想で仕事をしています。

だから、彼らはこう考えます。目の前の「果実」をもぎとるのではなく、「果実」になる「種」をいくつもまいておこうと。

さて、**リーダーであるあなたは、このあたり前の法則をシンプルに教える必要があります。**この章では、部下が自分自身の手で「好循環」をつくり、自らの力で一流のビジネスパーソンになっていく、そんな指導法を紹介します。

チャンスを引き寄せる「好循環」を把握しておく

では、その「好循環」を解説します。左の図で説明していきましょう。

まずは「関係性」の質。

たとえば、好循環をつくる人は、100倍の汗をかこう（行動）とする前に、お客様との関係、職場内や他部門との関係をもっとよくする方法はないかと考えます。

そして「考え方」の質。これは「相手のためにどんな貢献ができるのか」という考え方に他なりません。

次に「行動」の質。ひとことで言うと「効果性」です。ムダな行動を排し、効果の

■チャンスが、向こうからやってくるハイパフォーマーの「好循環」

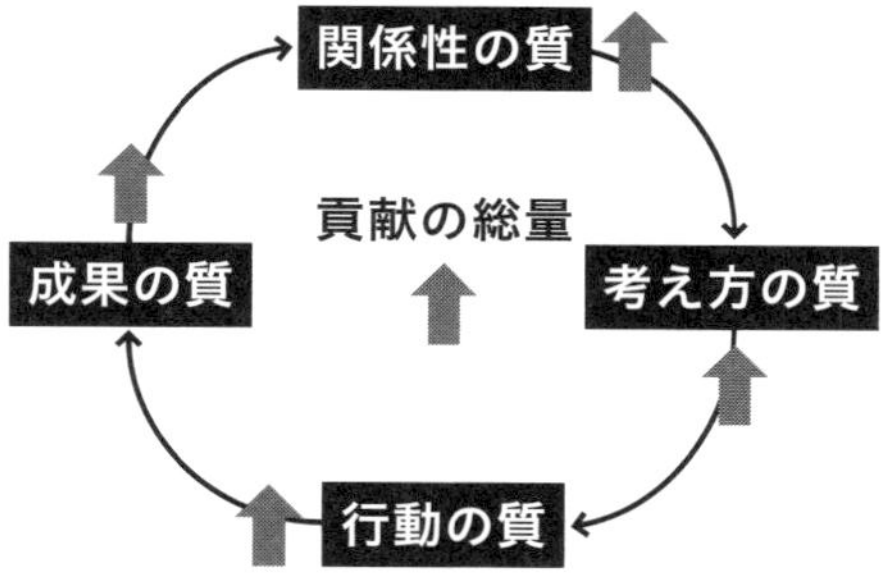

ある行動を増やしていくことを指します。

最後に、「成果の質」。これは、得た「成果」をさらに横展開させることで「貢献の総量」を高めていくというものです。

このサイクルをグルグルとまわすことを指導してみてください。スタートは関係性のデザイン。結果的に「貢献の総量」が高まり、紹介が増えるなど、やってくるチャンスの総量も増えることになります。

ポイント

- ■「果実」のもぎとり方ではなく、「果実」の増やし方を教える。
- ■「好循環」をグルグルまわすと貢献の総量が増える。

「信頼される人」になる極意を教える

リーダーであるあなたは、好き嫌いを超えて〃いかなる人〃とも「信頼関係を築ける方法」を教えておく必要があります。

ここでは、みなさんの部下にぜひとも伝えて頂きたい「超」実践的な「信頼関係」を築くセオリーを紹介します。

何よりも、自己開示することを教える

信頼関係を築くためには最初に「警戒心」を解かねばならないと言いました。その第一の法則は、積極的に自己開示することです。自分の「思い」「考え」を開示する際、特に重要なのは、「感謝の気持ち」と「お詫びの気持ち」です。

あたり前すぎて拍子抜けされるかもしれませんが、部下に「〝ありがとう〟や〝すみません〟と言ったか？」と聞くことを徹底してみてください。これこそが信頼のベースです。

案外、伝えていないことが多いのも事実です。思うだけでは意味がありません。ぜひ、あえて新人のうちにそのことを教えておきましょう。

相手の「不」に関心を示すことを教える（傾聴する）

「相手に関心を示せ」と言っても、わからない人にはピンとこないものです。

そんな時は、相手の「不」（不満、不便、不安）を聞くことを指導しましょう。相手の「不」を解消することで信頼関係を築く時間は一気に短縮されるからです。

実際に、トップセールスやトップリーダーが、積極的にこの「不」を知ろうとするのはこのためです。

そして、その鍵こそが傾聴をすることに他なりません。自己開示をした後は、自分のことばかりを話すのではなく、相手の話をじっくりと聞くことがコツになります。

「3つの相槌」というテクニックがあります。

①相手の言葉に反復（「寒かったよ」→「寒かったですか」）

②相手の感情に同意（「寒かったよ」→「大変でしたね」）

③間をあける（「寒くて風邪をひいた」→「……そうですか」）

これらを行うように指導をしてください。

きっと相手は、早い段階で信頼してくれるはずです。

「こだわり」を押しつけてはならない

「こだわり」を持つのはいいことですが、「こだわり」を人に押しつけないことを教えなければなりません。「こだわり」を押しつけると必ず関係は悪化するからです。

今の時代、押しつけには、部下の主体性を引き出す上で邪魔になることも見受けられます。

I'm OK. You're not OK.（自分は正しい。あなたは間違っている）

もし、この考えを持っていたとすると、結局は、知らないところで、どんどん関係が悪化していくことになります。その反面、どんなお客様、どんな同僚とも良好な関係を築ける人がいることを教えておきましょう。

そんな彼らに共通するのは、

I'm OK. You're OK.（自分も正しい。あなたも正しい）をベースとした考え方です。

人の信条は違っていて当然なので、「受け流す」くらいの感覚で接することを教えておくことが、良好な関係性を築くためには重要です。

ポイント

- ■メンバーに「ありがとう」「すみません」と伝えたのかを確認する。
- ■日頃から、メンバーに「お客様の不」「同僚の不」を聞くように指導する。
- ■日頃から、こだわりを「持つ」ことと、「押しつける」ことの違いを伝える。

「感動される」極意を教える

感動の前提に、主語を教える

私の過去に出版した本、ブログや研修でも、何百回（何千回？）とクドいくらいにお伝えしていることが、主語を「ＷＥ」にして考えることの大切さです。「あなたと私」ではなく、「私達」です。

たとえば、私の後輩に誰からも愛される、そんなラッキーな人がいます。

彼は、誰からも可愛がられ、たとえば誰もが知る大手企業の社長、某国の大使館の方、ビジネス書では知らない人がいない著名な方からも「遊びに行こうよ」といつも声がかかる、そんな人です。そんな彼が、いつも私に言うセリフがあります。

「伊庭さんには大成功してもらわなきゃ、俺が困るんです」

こう言われた時の気持ち、わかりますか？　私が成功しても彼にメリットはありません。彼が言うには、自分が世話になっている人には、そう願うことがあたり前のことだと言います。それがWEの発想です。

さて、部下に教えて頂きたいことは、**お客様、関係会社の方、同僚に「うまくいってもらわなきゃ困る」といった考え方ができるかどうか**ということ。その考えを持つことで、相手を感動させることができ、しいてはファンを増やすことになるでしょう。

■ WEの発想で考える

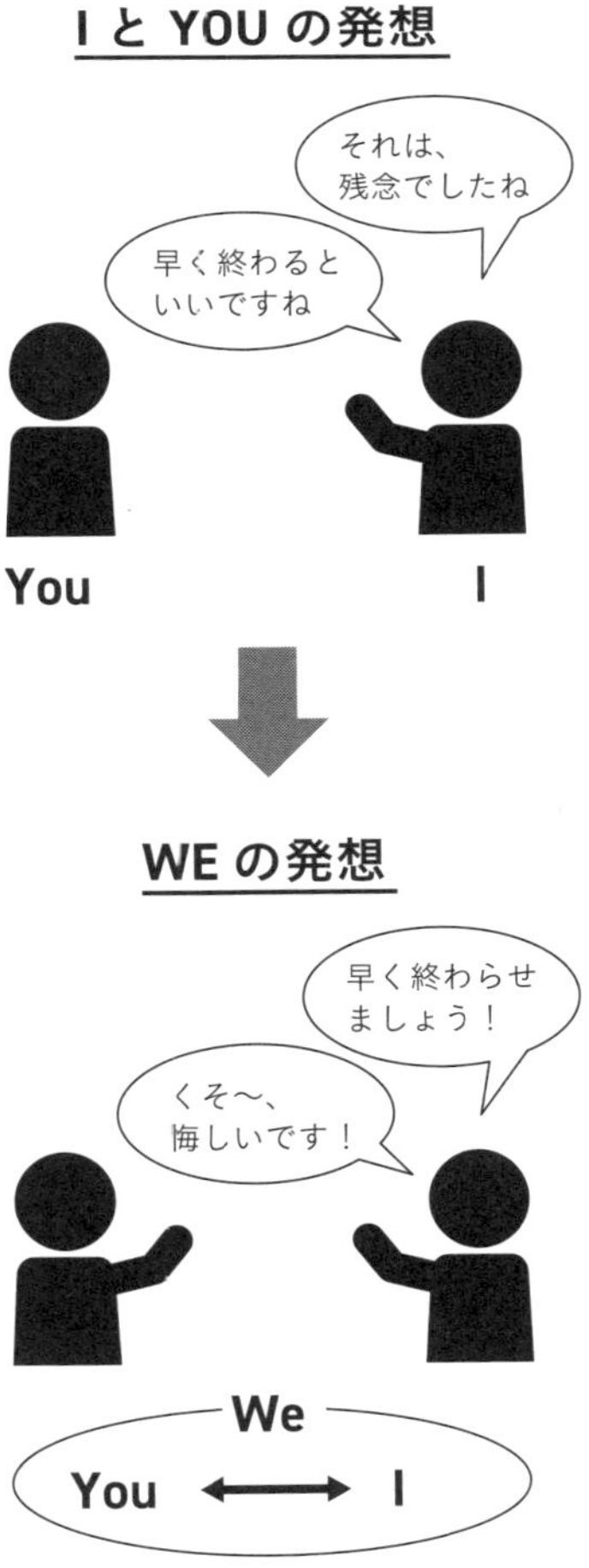
IとYOUの発想
それは、残念でしたね
早く終わるといいですね
You
I
WEの発想
早く終わらせましょう！
くそ〜、悔しいです！
We
You
I

さい。

感動される極意とは、期待を「超える」ことだと教える

これも、私が日頃から言い続けている大事なことですので、何回でも言わせてください。

感動してもらえる人になるシンプルな法則、それは「**期待に応えるのではなく、期待を超えるという基準を持つ**」ことです。

期待に「応える」とは、当然相手が期待しているレベルのこと、たとえば「アフターフォローをきちんとします」「納期に間に合わせます」といったようなことをやること。これがなければ、相手は「不満」を感じるレベルを指します。

一方、期待を「超える」というのは、相手は「そこまではムリかな、でもやってくれたら嬉しいな」、つまりそんな願望に応えるレベルのことを指します。ただ、別にこれがなくとも相手は不満には感じません。

さて、ここで重要なことをお伝えします。期待に「応える」ことを何度も繰り返しても、決して感動されることはないということです。**期待を「超える」ことをやって**

はじめて相手は感動をするという法則があります。

ゆえに、部下に感動される人になってもらおうとするなら、期待に応える行動を100回行うのではなく、1つでも多く期待を超える行動を行わせることです。実に簡単なことです。

メールを送る時にお役に立ちそうな資料を添付したり、2回目に来られたお客様の名前を覚えている、そんな心配りで十分です。能力は不要です。

でも、あまりできていないのが現状ではないでしょうか？

ぜひとも部下にはこの法則を指導してみてください。

ポイント

- 日頃から、部下に「WEで考えている？」と聞くようにする。
- 日頃から、部下に「それって期待を超えている？」と聞くようにする。

「徹底する基準」をインストールする

「やらない」という潔さを教える

ムダなことを一生懸命やることほど、もったいないことはありません。部下には、次のように指導してみてください。

①「やると成果に直結する作業」はもっとやる（徹底する、増やす）
②「やめると成果に悪影響の出る作業」はやめない（維持）
③「やめても成果に悪影響はでない作業」はすぐにやめる（なくす）

意外とモレがちなのが③。今すぐに成果に関係のない作業をやめることが極めて大事です。

たとえば、100ページにわたる大作の企画書は自己満足でしょうし、必要以上の情報共有もまったくのムダです。

私が営業課長になった時、朝礼をなくしてみました。加えて、朝に事務所に出勤する義務もなくしてみました。その代わりに商談件数を倍にすることを求めました。あたり前ですが、成果は急上昇。しかも、残業もほとんどなくなりました。

また、こんなリーダーもいました。利益率の低い仕事の契約更新を断ったのです。最初は部下も猛反発でしたが、半年もすると営業利益率は倍に。つまり、みんなで「儲からない仕事」を一生懸命にやっていたということです。

この「**やらない**」**ことを決める、というシンプルな法則**を部下に教えなければなりません。きっと、部下の行動にキレ味が出てくるはずです。

プロの「徹底基準」を教える

さて、やるべきことを決めたら後は行動を徹底させることです。ここで重要なことは**徹底の基準が人によって異なる**ということです。

その人の**徹底度を知るためには2つのことを確認するだけでわかります。1つ目は、「あらゆる方法を考え尽くしたのか」、2つ目は「なりふり構わずに行動したか」、この2点で測ることができます。**

そして何よりも重要なこと、それは「徹底の基準」は入社3年以内に教えておかねばならないということです。

たとえば、お名前は出せないのですが、ある方のことです。その方はイチローさんと会いたいと考えていました。イチローさんとは縁もゆかりもありません。そこで、その方がとった行動はイチローさんの行くお店に何度も通い、まずはそのお店の顔なじみになり、紹介をしてもらおうと考えたのです。なんと、その半年後にはイチローさんと一緒にご飯を食べたそうです。

もっと、身近な例を紹介しましょう。ある若手営業の例です。担当クライアントのキーマンと会いたいと考えていましたが、拒否をされます。

そこで、彼は、ぜひランチにお招きしたいと申し出ることにしました。

しかし、「弁当なので、ランチはムリ」と断られます。

それでも、彼は引き下がりません。なんと「差し支えなければ、コンビニで弁当を買ってまいりますので、隣で食べさせてもらえませんか」と申し出たのです。この姿勢が幹部のツボにはまり、会うことになり、一気に取引が増えました。

もちろん、これはほんの一例です。つまり、「徹底」をするというのは、「できる範囲でがんばる」というレベルではなく、あらゆる方法を考え尽くす、ということです。これは最初が肝心。ぜひ、入社から3年以内に部下に「徹底の基準」を教えておきましょう。

「そこまでやるのか……」をインストールすることがとても大切なのです。

ポイント

- 日頃から、部下に「それをやめると誰が困る?」と聞くようにする。
- 部下に「他に方法は?」「なりふり構わずにやったか?」と聞く。

#「成果をみんなの宝物にする」ことを教える

まずは「情報共有」を教える

「成果」における〝質〟、それは、達成率、実現度もそうですが、その「成果」をどこまで波及できるかです。

つまり、「成果」を喜ぶだけではなく、「どうやって横展開するのか」までを考えることに他なりません。１つの成果を10人の人が活かすことができれば、その成果の価値は10倍。

しかし、伝えなければ1倍です。だからこそリーダーは、成功のノウハウを波及させることを部下にしっかりと教えておく必要があるのです。

さらに大事なこと。それは、**情報の共有には〝伝える〟ことと〝広める〟ことの2つの方向があること**を教えなければなりません。それがこれ。

①縦の方向
まず、情報の共有を身近な人にする。
②横の方向
さらには、その人からも広まるように仕立てる。

■ 情報共有

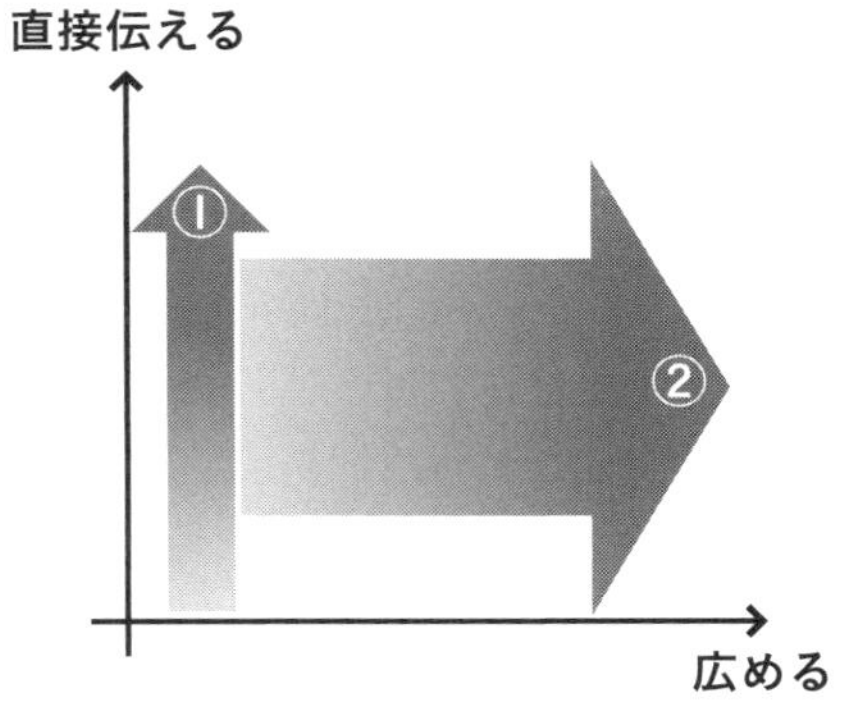

まずは、①の縦の方向、つまり身近な人に情報を共有する方法について説明します。

「成果」を朝礼や会議できちんと伝えることを指すわけですが、留意点があります。この時に、「**活用のポイント**」を添えて説明することです。

たとえば、「＊＊に困っている方に活用できる対策です」といったようなことです。

ほとんどの情報が活かされないのは、「使われ方」を意識しないまま、無邪気に情報を流してしまうからです。このように、ほんのひとことを添えるだけで、生きた情報となります。

「再現性の高いノウハウ」に仕立てる方法を教える

では、次に②の「横に広げる」について。あなたの部下が共有したその情報が、受けとった人を介して、さらに他の人に伝わっていく、たとえば、他の部門や支店でもノウハウが共有され、活用されはじめる、そんな口コミ効果を狙うことが「横に広げる」です。

各支店の会議、もしくは社内システムを通じてそれらの情報は拡散されていくのですが、その時に「誰もができる再現性のあるノウハウ」に仕立てておく必要があります。ゆえに、情報を横展開する際は「汎用性のあるノウハウ」に仕立てた上で共有することがとても大事なのです。

具体的には、「＊＊を□％上げるだけで、＊＊になった」「＊＊を行うだけで＊＊になった」といったように、**「何」を「どれだけ」すれば……の説明を加えて教えてお**

きましょう。

「営業ツールに笑顔の顔写真を入れただけで、商談率が2倍になった」

これがノウハウ。これなら誰もが着手できます。

また、無邪気な情報提供はノイズでしかありません。

しかし、ノウハウに仕立てることで、ニーズは喚起されることになるでしょう。

「笑顔の写真を入れた従業員紹介のツールをつくれば、社内のコミュニケーションが活性化するかもしれない」など、そこから新たなノウハウの火種をつくることにもつながるのです。

ぜひ、部下に「ノウハウ」に仕立てることを指導してみてください。情報の拡散力は一気に高まるはずです。

ポイント

- 成果を出した部下には「共有」までをセットで考えさせる。
- 共有する時には、「情報」を「ノウハウ」にして伝えることを教えておく。

著者から継続学習に向けてのお知らせ

本書でご紹介したノウハウをはじめ
実践に向けたヒントと実践法をお届けします。
ぜひ、継続学習にお役立てください。

オンライン学習「Udemy」

営業、時間術、リーダーシップ、ストレス対策等、著者の講座を学べます。

YouTube

仕事に役立つヒントを週に４回のペースで紹介しています。

メルマガ

時間術、リーダーシップのノウハウをお届け。
(全５回、全14回)

音声メディア「Voicy」

ラジオ感覚で、仕事に役立つヒントを週４～５回、紹介しています。

各社様で、企業研修を行っております。
株式会社　らしさラボ　研修メニュー　▶▶
※これらのサービスは予告なく終了することがあります。

著者
伊庭正康（いば・まさやす）
(株)らしさラボ　代表取締役
リクルートグループ入社後、法人営業職として従事。プレイヤー部門とマネージャー部門の両部門で年間全国トップ表彰4回を受賞。累計40回以上の社内表彰を受け、営業部長、社内ベンチャーの代表取締役を歴任。
2011年、研修会社(株)らしさラボを設立。リーディングカンパニーを中心に年間200回を超えるセッション（リーダー研修、営業研修、コーチング、講演）を行っている。実践的なプログラムが好評で、リピート率は9割を超え、その活動は『日本経済新聞』『日経ビジネス』『The21』など多数のメディアで紹介されている。Webラーニング「Udemy」でも、時間管理、リーダーシップ、営業スキルなどの講座を提供し、ベストセラーコンテンツとなっている。

『できるリーダーは、「これ」しかやらない』『できる営業は、「これ」しかやらない』（以上、ＰＨＰ研究所）、『「すぐやる人」のビジネス手帳術』（ナツメ社）、『仕事の速い人が絶対やらない段取りの仕方』（日本実業出版社）、『最速で仕事が終わる人の時短のワザ』（明日香出版社）など、著書は累計40冊以上。

無料メールセミナー（メルマガ）:「らしさラボ無料メールセミナー」
YouTube:「研修トレーナー伊庭正康のスキルアップチャンネル」（登録者16万人超）
Voicy:「１日５分　スキルUPラジオ」も放送。

決定版　強いチームをつくる！　リーダーの心得

2025年2月20日 初版発行
2025年3月21日 第6刷発行

著者	伊庭 正康
発行者	石野栄一
発行	明日香出版社 〒112-0005 東京都文京区水道2-11-5 電話 03-5395-7650 https://www.asuka-g.co.jp
デザイン	山之口正和＋永井里実＋高橋さくら（OKIKATA）
組版	野中賢 / 安田浩也（システムタンク）
校正	共同制作社
印刷・製本	シナノ印刷株式会社

ISBN 978-4-7569-2385-1